元来宗教家ハ戦争ニ反対スベキモノデアル

反戦僧侶・植木徹誠の不退不転

大東 仁

Daito Satoshi

元来宗教家ハ戦争ニ反対スベキモノデアル
—反戦僧侶・植木徹誠の不退不転—

◉目次

第三章　日中全面戦争勃発　102

はじめに

私が子どものころ、寺の住職だった祖父とテレビを見ていた時です。俳優の植木等が、お坊さんの役でドラマに出ていました。お坊さんの役ですから、お経を読みます。

「願以此功徳　平等施一切　同發菩提心　往生安楽國」。これを見ていた祖父は「うまいなあ」と一言。なぜか記憶していました。

なぜ植木等が上手にお経を読誦できるのか。その理由がわかったのは、大学を卒業した年でした。

親しくしていた先輩が、私の卒業を祝うプレゼントを贈ってくれました。メッセージには「大東もこんなお坊さんになってほしいな」とありました。そのプレゼントは、植木等の『夢を食いつづけた男　おやじ徹誠一代記』（朝日文庫、一九八七年二月二〇日）という本でした。

一気に読み終えたと記憶しています。爆笑しながら、怒りながら、涙しながら。この時、植木徹誠と出会い、植木等がきちんと読経できる理由も理解したのです。

それから三十年、折に触れ何度も読み返していましたが、少しずつ物足りなく感じ始めました。自分も僧侶となったことで、より詳しく徹誠を知る必要を感じていたのです。徹誠の名前を知って三十年。やっと形にすることができました。

明治時代の日清・日露戦争。大正時代の第一次世界大戦。昭和時代の「満洲事変」、日中戦争、アジア・太平洋戦争。真宗大谷派は仏教組織であるにもかかわらず、すべての戦争を肯定し、協力していました。

昭和の戦争時代だけでも、大谷瑩潤・宮谷法含・武内了温などの本山職員。金子大栄・曽我量深・河崎顕了などの仏教学者。布教使としては暁烏敏など、戦争協力で名を馳せた僧侶はたくさんいます。彼らの〝活躍〟は教団にもたくさんの利益をもたらしました。

ところが一方では、教団や国家を裏切り、仏教・浄土真宗の教えに従って戦争反対を訴え続けた真宗大谷派僧侶がいます。つまり、仏様の味方になり、僧侶の敵になったということです。それは和歌山の髙木顕明（日露戦争）、岐阜県の竹中彰元、そして三重県の植木徹誠（本名・植木徹之助）の三人です。たった三人ですが真宗という「真実」を守り続けていたのです。

この三人に共通していた価値観は「平和と平等」です。彼らの姿勢には、反戦と反差別が存在します。仏教に「平和と平等」が存在するのは当たり前のことです。しかし現実の仏教界には存在しませんでした。「仏教は机上の空論」、こんな批判も成り立ちます。しかし空論ではありません。現実世界に表すことができることを証明した僧侶がいたのです。

植木徹誠は、大きな挫折をしています。僧侶としての生活も無くしてしまいました。しかし最後まで「平和と平等」を求め続けていたと思います。それも証明したいと思いました。

それではこれから植木徹誠の「平等」、そして「平和」の実践を見ていきたいと思います。

第一章　労働者から僧侶へ

徹之助、東京へ

日清戦争の最中である一八九五（明治二八）年一月二一日、三重県度会郡大湊町（現・伊勢市）に徹誠は生まれました。本名は徹之助。材木や塩を扱う廻船業者の次男でした。寺院の出身ではありません。

のちに警察が「貧困家庭ニ生マレテ具サニ辛苦ヲ嘗メ」(1)とその生い立ちを記しています。しかし徹之助は、義務教育を終えると「高等小学校」に進学しています。当時子どもを進学させることができたのは、ごく少数でした。決して「貧困家庭」ではありません。

ただ、この高等小学校については「三年中退」[2]という史料と「卒業」[3]という史料が存在しています。どちらが正しいか、はっきりさせることはできませんでした。

学校を終えると、徹之助は東京に就職します。真珠王御木本幸吉の会社、御木本真珠店付属工場です。ここは真珠を扱うのではなく、指輪・ブローチなどの貴金属部分を加工するための工場でした。徹之助は職人として仕事をしていきました。[4]

徹之助は二男ですから家業を継ぐことはありません。祖母が御木本の遠縁にあたることから、就職したものと考えます。高等小学校を中退したというのは、就職が決まったから退学した、ということなのかもしれません。

（1）「225　三重県特高課司法警察官の「意見書」」『朝熊町歴史資料集・近代編』朝熊町歴史史料集編集委員会編　伊勢市　一九九六（平成八）年三月。以下「意見書」

（2）『特高月報　昭和十三年十二月分』内務省警保局、一九三九（昭和一四）年一月二〇日

（3）『特高外事月報　昭和十三年十一月分』内務省警保局保安課、一九三八（昭和一三）年一二月二〇日

（4）植木等『夢を食い続けた男　おやじ徹誠一代記』朝日新聞社、一九八四（昭和五九）年四月四日。以下、『夢を食い続けた男』。

よく学び、よく遊び、よく信じ

職人として、徹之助の技術は高いものでした。ところが遊びも覚えてしまいます。「義太夫語り」です。元々声がよく、熱心でもあり、「植木東響」という芸名まで持っていたようです。もちろんこっぴどく叱られ、義太夫からは遠ざかっていきました（『夢を食い続けた男』）。

時は大正時代に移ります。「大正デモクラシー」の時代です。「民本主義[1]」・社会主義が広まっていった時代でした。労働者の権利意識も高揚し、労働争議も起こってきました。

御木本工場も例外ではありませんでした。そこで経営者側は「労使協調」を画策します。そのための方法の一つにキリスト教がありました。日曜日ごとにキリスト教についての講演会が始まります。この会は、「東京労働教会」に発展していきました。いわば企業内教会ということでしょう。

徹之助、なんとここで受洗していたのです。キリスト教徒になっていたのでした。息子、等の言葉です。

> いっときは神の下僕となりながら、それをそのままにしておいて、のちに仏に仕える身となるとは、一体どうなっているのだろうと疑問もあるが、たぶん、おやじの気持ちのなかでは、神や仏との話し合いが円満についていたのだろうと思う。（同書）

父が父なら息子も息子。無責任なコメントのように思います。ただ、神と仏の話し合いについては、大変興味を持ちます。聞いてみたいな、と思います。

この労働教会で、徹之助は沖縄県出身のクリスチャン比嘉賀秀から強い影響を受けていたようです。比嘉は皇居を見て、「天皇がこんなに広いところにいるうちは、日本の国民は幸せになれない」と階級を教え、「君たちは、あの世の幸せじゃなくて、今の世の幸せをつかまなきゃ駄目だ」（同書）と社会活動を勧めました。

一九二一（大正一〇）年九月、大日本労働総同盟友愛会の鈴木文治らの設立で日本労働学校が開設されました。夜間・一年間の学校です。徹之助はこの労働学校に通っていました。第一回の卒業生です。徐々に労働者の置かれた問題・権利・運動に近づいていったようです。（同署）

（1）大日本帝国は天皇主権であり、民主主義にはなれない。この条件を最大限民主主義的に解釈すること。

結婚と失業、そして検束

一九二〇（大正九）年、二五歳となった徹之助は、いさほという女性と見合い結婚しました。いさほは伊勢市内にある真宗大谷派西光寺の娘でした。この結婚は、のち徹之助の得度（僧侶となること）に結びついていきます。この時いさほは十八歳でした。

結婚して一週間後、三味線の師匠をしている女性が、「あたしってものがありながら」と怒鳴り込んできたこともあったようです。どのように落ち着いたのかはわかりませんが、翌年長男徹が生まれています。

一九二三（大正一二）年九月一日、関東大震災が起きました。御木本工場も被災します。二四日には御木本工場は閉鎖され、徹之助は失業することになりました。徹之助は弟保之助・顕之助の住む名古屋へと転居しました。そこで食堂を経営していたようです。

翌年、徹之助家族は再び東京へ戻ります。徹之助の妹と結婚した佐藤保造も同居しました。佐藤も元御木本工場の職人でした。関東大震災の四日前には次男努が生まれており、五人の生活でした。徹之助・保蔵は、腕に覚えのある宝飾の仕事を始めました。

仕事はそれなりに忙しかったようです。しかし生活は厳しいものでした。「震災恐慌」と呼ばれるような経済状況だったのです。

そんな中、徹之助は「北部合同労働組合」に加わります。一九二五（大正一四）年二月には「北部合同労働組合中央支部」の看板を自宅玄関脇に掲げました。ただ組合参加者は数名程度だったということです。

この組合は、あわてて結成されたものでした。治安維持法制定に反対するための結成です。

治安維持法とは、「国体」の変革・私有財産制度の否認を罰するための法律です。つまり天皇制を否定すること、資本主義を否定することが罪となったのです。思想・信条の自由までも否定するものです。

同年二月一日、治安維持法の法制局案が新聞に掲載されます。この日から、無産政党・労働組合・学生団体による治安維持法反対デモ・集会が繰り広げられます。「北部合同労働組合中央支部」も赤旗を作り、デモに参加しました。(『夢を食い続けた男』)

一九日、政府は治安維持法案を衆議院に緊急上程します。三月七日、法案を修正可決。一九日には貴族院でも可決され成立。四月二二日に公布されます。徹之助たちの敗北でした。

この時、治安維持法反対デモに参加した徹之助は、東京芝三田警察署に検束されます。徹之助初めての検束でした。熱心に活動していた証です。警察は徹之助について、「東部合同労働組合」の渡辺政之輔の影響を強く受けたとみていました。[1]

徹之助はこの後も労働運動を続けます。「北部合同労働組合」は「東部合同労働組合」と合同し、「東京合同労働組合」になります。この「中央支部」の場所も徹之助の自宅でした。

熱心に運動し、学ぶ。この日常生活に加え、貧しさがあったのでしょう。徹之助は体をこわしました。肺結核になったようです。そこで名古屋に転居することになりました。

転居の時期ははっきりしません。しかし一九二六(昭和元年)五月、次男勉を病気で亡くしています。病院は伊勢の赤十字病院。徹之助、いさほの実家近くの病院です。遅くともこの時期には名古屋在住とわかります。

一九二六（昭和元）年一二月二五日、三男等誕生。ただし徹之助の弟、保之助が役所への出生届を出し忘れ、戸籍上は一九二七（昭和二）年二月二五日生まれということです。（同書）

病気療養中とはいえ、徹之助は運動を中止していたわけではありません。一九二七（昭和二）年一二月二日、「中部合同労働組合」関係のストライキに参加し、名古屋新栄警察署に検束されます。(2)

名古屋の警察は、東京での検束を知っていたでしょう。加えて名古屋での検束です。当然目をつけられる人物となっていたはずです。

一九二八（昭和三）年三月一五日、共産党員の全国的検挙が行われます。三・一五事件です。ここで徹之助は共産党員、またはそのシンパと疑われたのでしょう。天皇制、資本主義を否定するものとして、治安維持法違反容疑で検束されました。

同年六月二九日、治安維持法に死刑・無期刑が追加されます。緊急勅令（天皇の命令）として、国会審議すらされませんでした。のち徹之助は、この改正治安維持法により逮捕されていくのです。

（1）前掲「225　三重県特高課司法警察官の「意見書」」

（2）同

お寺の居候

一九二八（昭和三）年、徹之助一家は名古屋を離れ、三重県伊勢市の西光寺へと転居します。警察に検束されたこと、金融恐慌で仕事がないこと、いさほが出産を控えていたこと。これらの状況から、いさほの実家を頼ったのだと思います。

現在の西光寺

徹之助は労働者です。お寺に居住しても役には立ちません。お供え後のお餅が黴《かび》ないように、天日干しをするぐらいのことしかすることがありませんでした。恐慌の時代、簡単には就職先も見つからなかったのでしょう。

居候ですから食事には困らなかったと思います。しかし現金収入はありません。唯一あった現金収入は、西光寺の賽銭箱から小銭をくすねることだけでした。

しかしこの居候時代も穏やかな生活というものではなかったのです。（『夢を食い続けた男』）

部落差別との出会い

社会問題、労働運動に関わっていた徹之助。ここ伊勢の地で出会ったのは部落差別の現状でした。徹之助自身の証言を見てみましょう。

> 役場の税務係が税金を集めに歩いている態度を見かけたことがある。それが実になまいきでね。いつもああなのかと聞くと、そうだという。普通の人に対する態度とは違う。それでぼくは「どこへ行っても君はそういう態度なのか」と聞くと「いや門構えの家へ行けば、そりゃ自然に態度がかわります」という。「門構えの家とここととどう違うんだ、君はここが部落だと知っているのか」と聞くと「知っている」と答えた。[1]

ここで徹之助は、部落の人たちと一緒に、町長に厳重抗議をしたのです。「こんな人間を寄こすなら、税金を払わない運動をするぞ」というものでした。

差別に出会った徹之助の活動は、単に抗議するにとどまらず、運動開始を示唆していることに注目されます。労働運動の経験から、このような発言に至ったのでしょう。

そして徹之助は気づきました。「結局「自分は部落民ではない」と思うことが、すでに相手を差別していることだ[2]」と。社会や他者の差別だけではなく、自分自身の中の差別まで見つめ始めたということです。上から目線での差別反対ではありません。運動のための運動家ではありません。自分自身も批判対象とする、差別反対運動でした。

この事件をきっかけに、生涯の「闘友」西中六松と出会います。西中も部落の住民であり、徹之助とともに差別反対運動に身を投じます。

一九二九（昭和四）年、元県会議員の差別発言事件が起こりました。徹之助と西松は、粘り強く運動を続け、とうとう元県議の「謝罪演説会」を開催するまでにこぎつけました。ところが演説会の前夜、徹之助と西中は宇治山田署に検束されます。演説会を中止させるための処置だったのでしょう。西松は四十日間、徹之助は五十日間の検束だったということです。[3]

（『夢を食い続けた男』）

この年、徹之助はもう一度警察に検束されます。今度は部落問題ではなく、第二次共産党事件、つまり四・一六事件に連座したという嫌疑により松坂警察署に検束されたのです。[3]

前年に起きた三・一五事件では、共産党の幹部多数が逮捕を免れ、弾圧としては失敗でした。そこで再び共産党員の全国的検挙がおこなわれたのです。これにより共産党は大打撃を受けました。つまり前回の検束と同様、徹之助も共産党との関係を疑われていたことになります。

これは想像ですが、差別事件による検挙より四・一六事件での検挙の方が、より大きな衝撃として地域では受け止められたのではないでしょうか。当時「共産党」といえば、国家に反逆する大悪人という印象がもたれていたはずですから。

西光寺の居候時代、二度にわたり検束されたという事実は、徹之助の人生に大きく関わっていくことになります。

（1）植木徹之助・梅川文男「異色対談　解放闘争の思い出」『部落』部落問題研究所、一九七二（昭和四七）年八月一日
（2）同
（3）前掲「225　三重県特高課司法警察官の「意見書」」

僧侶となる

検束が解かれた後、七月六日のことです。徹之助は真宗大谷派で得度しました。得度とは僧侶になることです。手続きなどを考えると、一カ月前ぐらいには準備を始めていたと思います。

これは義父小幡徳月西光寺住職の影響によるものでしょう。小幡は、検束された徹之助に非難めいたことは言わなかったということです。「一般の人間が部落へ行って水を飲まない、などという差別がまかり通るようなことではいかん」と説くような人物でした。お寺に居候する

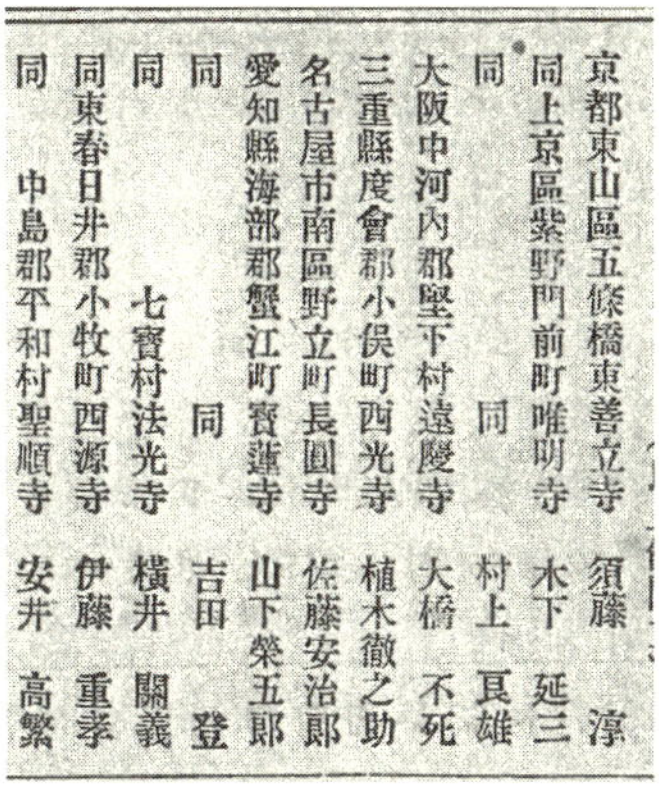

京都東山區五條橋東善立寺　須藤　淳
同上京區紫野門前町唯明寺　木下　延三
同　同　村上　眞雄
大阪中河内郡堅下村遠慶寺　大橋　不死
三重縣度會郡小俣町西光寺　植木徹之助
名古屋市南區野立町長圓寺　佐藤安治郎
愛知縣海部郡蟹江町寳蓮寺　山下榮五郎
同　同　吉田　登
同　七寳村法光寺　横井　關義
同東春日井郡小牧町西源寺　伊藤　重孝
同　中島郡平和村聖願寺　安井　高繁

徹之助の得度を掲載した『真宗』（大谷派本願寺宣伝課、1929（昭和4）年8月5日）

なか、宗教家と運動家の違いこそあれ、「平等」という価値観は共有できていたのでしょう。浄土真宗宗祖親鸞の平等の教えは、二人をより深く結びつけていったのです。

　また、こんな事情も伝えられています。当時、小幡の長男はまだ一五、六歳。小幡は長男が住職になる前に、徹之助を西光寺の中継ぎにしようと考えていた、というのです。（『夢を食い続けた男』）

　また息子の等は、「坊主になれば食いっぱぐれがないってことも大きいかったんじゃないかな。その頃には妹の真澄も生まれていて五人家族になっていたし、世の中、どんどん調子悪くなっちゃってるしね。坊主になるってことは、親父なりに考えた上での生き延びる方法でもあったんでしょう」と想像しています[1]。

「平等」という理想と生活という現実。僧侶となることは必然的な選択だったのでしょう。

（1）戸井十月『植木等伝　わかっちゃいるけど、やめられない！』小学館、二〇〇七（平成一九）年一二月二五日

夫婦喧嘩

徹之助の得度理由を研究として言うならば、前述の通りです。ただもうひとつ、得度には大きな「きっかけ」があったのではと想像しています。

「闘友」西中六松さんの証言です。

植木さんも、いさほさんには、ぼろくそにやられていたな。そりゃ無理もない。社会運動をする人間は、口が達者でも行動が伴わない。万事、することがのろい。いさほさんは植木さんに、きついこと言ってましたよ。

というのです。いさほの言葉は、たしかに辛辣なものでした。

自分の家の者も食べさせられない人間が、世の中の貧しい人間に食を与えよなどと、何を思い上がったことを言っているのですか。それじゃ、うかがいますがね、うちの家族は食べられているのですか。賽銭箱からいくばくかをくすねているような人が、人のために尽くすの献身するのと、まあ、あきれたもんだ。（『夢を食い続けた男』）

徹誠はぐうの音も出なかったということです。ここまで言われたら、得度して収入を確保せざるを得なくなったと思えるのですが……。

こんな話もあります。徹誠の娘、真澄と結婚した歴史学者・川村善二郎が「社会運動をやっていた者が宗教界に入ることに矛盾を感じなかったか」と徹誠に尋ねたのです。徹誠は、「なあに、社会が変わっても夫婦げんかは無くならないから、坊主のやる仕事はあると思った」（同書）と答えています。

この問答に対し、徹誠の息子である等は、「おやじの関心事は、いつの場合も、夫婦げんかを含めて現実社会の問題を解決することにあったようだ」（同書）と結んでいます。しかしこれ、「夫婦げんかを含めて」ではなく、「夫婦げんかを第一に」だったのではないでしょうか。

僧侶徹誠の誕生には、いさほが大きな役割をはたしていた。つまり、夫婦げんかが大きな理由であった。こんな結論を出して楽しんでいます。

僧侶としての勉強

徹之助の法名は釋徹誠《しゃくてつじょう》。敬意を表し、これ以後は徹之助ではなく徹誠として記述していきましょう。

植木等は「（父は）名古屋の本願寺別院で一年間、修業をし、得度した」と言います（『夢を食い続けた男』）。これには疑問があるのです。真宗では、得度するにはなんの修行も必要ありません。問題発言でしょうが、お経さえ読めれば得度できるのです。だから「一年間、修行」の意味がわかりません。

徹誠の得度は一九二九（昭和四）年七月六日。これ以前一年間名古屋で修業していたはずはないのです。伊勢で、一年間に二度も検束されている事実から見ても明らかであると思います。修行中に二度も検束されて、無事修業が終了したとは考えられません。ではこの「一年間」とは何なのか。不明のままです。

徹誠自身は「お坊さんはインスタントですか」という質問に対し、「いやいや、ちゃんと坊主になる学校を出ていますよ(1)」と答えています。

（1）前掲「異色対談　解放闘争の思い出」。

入寺

一九三〇（昭和五）年、小幡が徹誠に提案をしました。滋賀県下の裕福な寺、三重県の貧しい寺。このどちらかに赴任しないかというものでした。徹誠の選択は三重県の寺でした。「檀家が広い範囲に散らばっていて、檀家回りも並大抵ではない。そのうえ、檀家も裕福とはいえない」(『夢を食い続けた男』)、そんなお寺でした。お寺は、三重県多気郡萩原村大字栗谷(現・大台町栗谷)の常念寺です。

この寺についてはわからないことがあります。所属する宗派がわからないのです。大谷派僧侶の徹誠が赴任したわけだから、真宗大谷派寺院と考えるのが常識でしょう。しかし一九一一(明治四四)年三月二八日、大谷派本願寺文書科発行の『大谷派寺院録』には常念寺は掲載されていません。

また徹誠が赴任していた時期、一九三三(昭和八)年四月二五日、真宗大谷派宗務所文書課が発行した『真宗大谷派寺院録』にも常念寺は掲載されていませんでした。つまり真宗大谷派所属の寺院ではないということです。

ただ常念寺は、奈良県の真宗大谷派教行寺の管理下にあったようです。徹誠の長男徹は、この教行寺に所属する僧侶でした。常念寺が大谷派に所属していない以上、徹は他の寺院から得度しなければなりません。それが徹誠と同じ西光寺ではなく、奈良県の教行寺ということは、常念寺の「上寺」が教行寺だったと考えるのが妥当と思います。戦前まで、大寺院が宗派の別なく小規模寺院を管理することは珍しいことではなかったようです。

また等の文章には、常念寺本堂の落慶法要に「連枝」が来訪した場面が記されています。

突然、「御連枝様のお着き――」という声が本堂に響き渡った。と、本堂にいた僧侶たちが全員、ばらばらっと階段の下に駆け下りて、左右二列に分かれ、土下座するではないか。ああ、なんということか。しかも、その土下座組のなかに、おやじもいた。御連枝様というのは、法主一族のことである。その、まあいわば貴人が静々と通っていく。おやじが土下座している。この日本には、おやじより偉い奴がいたのか、ということが分かったのは、あの日だった。(同書)

おそらくここに出てくる「御連枝様」というのは、大谷派「法主一族」ではなく、教行寺住職のことだろうと考えます。

教行寺は、本願寺八代目蓮如の創建です。そのため近代になっても通称として「連枝寺」と呼ばれていました。だから住職も通称として「御連枝様」と呼ばれていたと想像できるのです。土下座した僧侶たちは、みな教行寺の配下にあった仲間の僧侶たちだったのではないでしょうか。

常念寺の檀家は約二百軒とのことです。当時としては、檀家の多い寺と言えます。しかし徹誠によれば、被差別部落の檀家が広範囲に分布していたということです。檀家数は多くても、裕福な寺とは言えませんでした。この寺について、この間行きましたらね、以前は部落の人は一般の寺には葬ってもらえず、遠い常念寺まで来ざるを得なかったのが、戦後の農地解放で寺の収入が減り、寺がやっていけないから、部落民でもよい入れてやろうということで、各村で分散して檀家として寺に入れてもらってました。差別が悪いからというのではなく、経済的事情からです。常念寺は七戸の檀家を残すだけでボロボロに荒れていました[1]。

「聞得寺跡」と書かれた案内板

と戦後に徹誠は語っています。

現在は「聞得寺」という案内が、元の寺の入り口参道付近に建てられています。ここが常念寺の跡地です。ではなぜ「聞得寺」という案内板なのでしょうか。いつの頃かわかりませんが、常念寺は「聞得寺」と改称し、真宗大谷派の寺院となっていたのです。一九九四（平成六）年六月三〇日、真宗大谷派宗務所発行の『真宗大谷派寺院教会名簿』には「多気郡宮川村栗谷一一一九」の住所で「聞得寺」が掲載されています。しかし住職はなく、代務者の名前が記されており、電話番号も掲載されていません。すでに寺院として機能していなかったと思います。一九八三（昭和五八）年、等が訪問した際も荒れ放題でした。二〇〇〇（平成一二）年一一月一日、真宗大谷派宗務所発行の『真宗大谷派寺院教会名簿』では「聞得寺」の記述はありませんでした。現在では常念寺時代の石碑を残すのみで、廃寺となっています。

（1）前掲「異色対談　解放闘争の思い出」。

常念寺の生活

前述のとおり常念寺の宗派は不明です。徹誠は真宗大谷派の僧侶です。他宗派の住職にはなれません。等は徹誠のことを「常念寺住職」[1]（『夢を食い続けた男』）と記述していますが、これは正確ではありません。「事実上の住職」ということです。また、徹誠は住職になることができる資格、「真宗大谷派教師」を持っていません。この意味からも徹誠は住職ではありませんでした。

ただ徹誠は、住職の肩書にこだわるような人ではなかったと思います。現在常念寺跡地に、徹誠の建立した石碑が残っています。そこには「當山第十一世在勤　植木徹誠之代」と記されています。「住職」を名のらず「在勤」と名のったのです。

等によれば、常念寺の生活は牧歌的なものでした。貧しくても生活に困るほどではなく、のびのびと生活していたようです。

徹誠の仕事は、檀家回りをするだけではありませんでした。寺の管理者としての仕事も精力的にこなしていたようです。徹誠は常念寺の改築をしています。その寄付を集めることは、大変な困難だったと想像します。

常念寺跡に残る石碑

この改築の頃には、二人の人物が登場します。まず、徹誠を解雇した御木本幸吉です。徹誠が常念寺改築の寄付を依頼したのです。御木本は、伊勢朝熊に別荘を持っていました。等によれば、「この時、おやじは寄付を頼んだというよりも、どうやら強要したという風だったらしい。そして幸吉も、その強要めいた頼みに唯々諾々としたがったようだ」(同書)という状態だったようです。大変愉快な情景です。布施するものとされるもの、そこに通じるものがあったのでしょう。

もう一人は、「北出南見広友之丞」。名前です。本名は「北出菊松」というそうです。

等の記す北出は、「小柄、小肥り、毛髪は短く、声は大きい。

そしてその体躯から漂う雰囲気は独特のもの」で、「子ども心に南見の姿を想像したところでは、イワシの丸干しを火鉢に突っ込んで、かじっている、という感じだった」というものです。荒くれもの、という感じでしょうか。戦後は山林ブローカーのようなことをして、欲のない人だったといいます（同書）。

この人、等の思い出とは少し違うようです。先述の徹誠が建てた石碑に「北出南見」の名前を見ることができます。常念寺に大きな貢献があった、つまり多額の寄付をしたということです。お金持ちであり、徹誠を「在勤」として尊敬していた人物だったと考えられます。いや、等の思い出や印象は間違ってないのかもしれません。徹誠への敬意がそれほど強かったのだとも思います。

石碑の表には「敬称院釋常念法師　圓正院覺誉顕道良恭居士」とあります。幕末に常念寺に居住していた医師で、寺の管理もしていたようです。石碑裏面に徹誠の名が見えるのですが、一九三四（昭和九）年四月の日付が入っています。この時が常念寺改築完成の時期でしょう。

徹誠という僧侶

新米僧侶だった徹誠。その活躍を等の聞き取り調査から見ていきましょう。

「県議選の時だった。徹誠さんは、こう説いてくれた。百姓の生活のことは百姓でなければ分からん。木こりのことは木こりでないとわからん。坊主に鎌や斧や鋸のことを聞いて、何がわかる。地元のものを当選させなければ、地元のことを議会に分からせることはできん」

「栗谷の曹洞宗・太陽寺で月に一回、青年たちが五分間演説の会を開いた。私も出ることになったのだが、何を演説したら良いか、ほとほと困った。考えあぐねて常念寺を訪れ、徹誠さんに相談したら、徹誠さんは、こう話した。君は、仕事をしながら考えたことを演説しなければならん。ひとに作ってもらった原稿を暗誦し演説しても、それは本を朗読するのと同じようなものだ。教えてもらったことを話すのではなく、生活しながら考えたことを話せ、と」

「私は蚕を飼っていました。ところが、本来なら組合を通じ、一括して売らなければならないのに、事情があって単独で売ってしまいました。それがもとで組合を追われ、途方にくれたすえ、徹誠さんに相談したら、徹誠さんは組合の幹部と膝づめで話をつけてくれました。あの時は嬉しかった」

「旧萩原村の村長が地元の仏教団に、どうしたら村民の心を掌握できるか、相談したことがある。仏教団は、こう答申した。先祖供養を忘れてはいけない。仏教団としては布施は貰わずともよい。無料で経をあげる。この答申を、徹誠さんは大層喜んで、あれは良いことをいった、と繰り返しいっていた。当時は、どこの山村も貧しくて、食べかねる家もあったから……」

（『夢を食い続けた男』）

徹誠の生の言葉が並べられているように思います。僧侶徹誠と村人のつながりが見えてきます。最後の話も、「先祖供養」の提案を徹誠がよろこんだのではありません。「布施は貰わずともよい。無料で経をあげる」と、他の僧侶たちも村人に寄り添ったことを喜んでいるのです。徹誠は、村人の生活の中にいた僧侶でした。

と、いい話を紹介した次に「徹誠らしい」話も紹介しておきます。

栗谷の常念寺にいた頃、おふくろは近所の娘たちに裁縫を教えていた。ある日、おやじがパンツ裸で裁縫に使う物差しを持って、「おい等、ちょっと本堂に来い」といった。ついて行くと、おやじは御本尊を物差しでコツコツたたいて言った。

「これは木を彫刻して金粉を振りかけてあるだけの物だ。本来こうした物を拝むのは偶像崇拝といって好ましいことではないのだが、何かを祈り、念じる時には、目の前に対象物がないと頼りないものだから、便宜上、ここにこうした物を置いてある」（同書）

この発言での間違いは、御本尊は「金粉を振りかけてある」、というところだけです。御本尊には金粉ではなく、金箔が張ってあります。他には間違ったことを言っているとは考えていません。
しかし。御本尊・阿弥陀如来の頭を物差しでコツコツ叩くとは……。私にはとてもできそうもありません。

警察の姿

穏やかな生活を送っていた常念寺時代。しかし警察の姿だけは徹誠の周りから消えることはありませんでした。一九三一（昭和六）年五月二二日、三重県で共産党員の一斉検挙がありました。この日、徹誠も検束されています(1)。
栗谷には警察に対するいさほの活躍が伝えられていたそうです。等が栗谷を訪問した時の聞き取りです。

常念寺に制服警官が来ると、おふくろは凛として「主人が拉致されなければならない理由がない」と言い、警官を見据えたというのである。その警官が後で「あの奥さんにああ言われて、一言もいい返せずに帰ってきたよ」と、近所の人に話したことから、「お寺の奥さん」の武勇伝は広まったらしい。また、家宅捜査に来た警察官たちが土足のまま家に上がろうとしたら、おふくろが「靴を脱ぎなさい」と叱りつけ、警官たちも靴を脱いだという話を聞いた。

（『夢を食い続けた男』）

さて、なぜ警官がたびたび常念寺へ来るのか。検束や逮捕に来たわけではないのです。その理由は、過去の検束にあります。徹誠は、名古屋時代・伊勢時代の検束により「特別要視察人」に指定されていました[1]。

いつのものかは不明ですが、『近畿特別要視察人名簿索引』という特高警察の史料があります。「特別」とは共産主義者などの思想犯を指します。「要視察人」とは、犯罪の実行にかかわらず、警察から監視を続けられる人物ということです。

徹誠を「特別要視察人」に指定した『近畿特別要視察人名簿索』

ここに「共乙」と記された「植木徹之助」の名前があります。「共」は共産主義者。「乙」は「甲乙丙」に分けられた、共産主義者としてのランクです。警察の常念寺訪問は、「要視察人」監視のためでした[2]。

ちなみに徹誠の義弟佐藤保造は「共甲」、弟保之助は「共乙」。ともに『中部特別要視察人索引』[3]に記録されています。

（1）前掲「225　三重県特高課司法警察官の「意見書」」

（1）アジア歴史資料センター　ref.A06030078200

（2）『続・現代史資料1　社会主義沿革1』みすず書房、1984（昭和59）年10月30日。巻末史料（一）参照

（3）アジア歴史資料センター　ref.A06030078400

第二章　平等と平和

転居

一九三五（昭和一〇）年春の頃、常念寺に訪問者がありました。一人は西光寺時代の「闘友」西中六松。もう一人は全国水平社三重県連合会委員長新田彦蔵。要件は徹誠に転居を要請するためでした。（『夢を食い続けた男』）

転居先は「三重県度会郡四郷村大字朝熊区」（現・伊勢市）の浄土真宗本願寺派三宝寺説教所です。朝熊北部は被差別部落でした。北部は浄土真宗本願寺派門徒がほとんどだったようです。転居要請の理由は、朝熊での差別撤廃運動拡大・高揚のためでした。朝熊北部には差別に反対し、共に活動する僧侶が求められていたのです。

転居は五月。計画的な転居なら、子どもの学校の始まる四月までに、というのが常識でしょう。ここから突然の要請だったことがわかります。

引っ越したのは徹誠・いさほ・等・真澄の四人でした。長男徹は名古屋で学校に通っていました。徹は一九三四（昭和九）年四月一日に尾張中学校に入学しています。この学校は、真宗大谷派の学校でした。

ところが徹は、尾張中学校の『昭和九年度　学生名簿』に掲載されていますが、翌年には、尾張中学校教育講『昭和十年度　別科生住所名簿』に記載されているのです。別科というのは正規の中学校ではありません。「教師」という資格を取るための制度です。この「教師」の資格がなければ、住職になれないのです。つまり、別の教育制度に移ったということになります。

また名簿では所属寺院の移籍も確認できます。前述した教行寺から西福寺への移籍です。徹は不良少年だったようです。そこらへんに理由があるのかもしれません。

三宝寺説教所

「説教所」というのは正式な寺院ではありません。寺院の出張所、という存在です。現在では「説教所」という制度はありませんが、敗戦までは全国にたくさんありました。

三宝寺説教所は、「三重県鈴鹿郡昼生村大字三寺（現・桑名市）」にある浄土真宗本願寺派三宝寺の出張所でした。開設されたのは一九〇一（明治三四）年。一月五日から七日まで、入仏

三宝寺説教所跡。現在は公園になっている

式がおこなわれました。この時、寺院らしい建築がなされたのでしょう。開設者は三宝寺住職闕覺譚です(1)。

ここには堂宇が完成する以前、一八九八（明治三一）年から杜多亮秀が留守居をしていました。ただし杜多の得度は一八九九（明治三二）年一〇月三〇日。当初は管理人としての居住だったようです。

一九一七（大正六）年一〇月二九日、杜多は所属寺院を三宝寺に移籍します。ここから正式に三宝寺説教所主任となりました。そして一九三〇（昭和五）年五月二六日に亡くなっています(2)。

三宝寺説教所の杜田は、門徒からの布施ではなく、朝熊北部地区からの給料で生活していました(3)。とすれば、史料はありませんが徹誠も給料制で迎え入れられたとも考えられます。

一九三四（昭和九年）二月、三宝寺説教所の新築が計画されます。この時、説教所の僧侶は「向フ参ヶ年解雇」となりました。建築費用捻出のため、給料を節約するためでした。

三宝寺説教所は「寺院兼公会堂」として建設されます。これは「自力更生運動」の一環でし

た。宗教施設だけでなく、地域の活動拠点も兼ねていたのです。(4)

一九三二（昭和七）年九月五日、内務省は国民自力更生運動の開始を命じます。「自力更生運動」とは、恐慌で疲弊した農村を農民の自力により救済しようという官製の国民運動です。その内容は、精神教化に加え、改良改善を生産・流通・消費すべての分野に及ぼすものでした。

この自力更生を実施するにあたり、朝熊北部には大きな障害がありました。その解決を図っていくためにも徹誠の招聘が必要と考えられたのです。

徹誠は運動のために招聘されました。しかし僧侶としての仕事が必要とされていなかったわけではありません。徹誠も僧侶の仕事に熱意を持っていました。徹誠の赴任挨拶は、「私は死人の供養に来ましたが、同時に、生きている人々の良き相談相手になるつもりでもいます。おたがいに友達同士として、困ったこと、苦しいこと、なんでも相談にきて下さい」というものでした。（『夢を食い続けた男』）

（1）「26　三宝寺の入仏供養会」前掲『朝熊町歴史資料集・近代編』
（2）「132　杜多亮秀師の葬儀」前掲『朝熊町歴史資料集・近代編』
（3）「114　杜多亮秀師の給料と組頭の年俸」前掲『朝熊町歴史資料集・近代編』
（4）「158　会館建設の誓約書」前掲『朝熊町歴史資料集・近代編』

小学校での差別

引っ越しが終わり、日常生活が始まった頃、事件が起こりました。娘真澄が四郷小学校で差別をされたのです。生徒による差別ではありません。毛利という教員による差別です。真澄の机は教室の隅に置かれ、体操にも参加を認められませんでした。(『夢を食い続けた男』)

すぐに母いさほは学校へ抗議に出向きました。教員は徹誠一家が部落民でないことを知ると、「あそこ(浅間《ママ》)を知つて移つて來たのですか?」と尋ねました。「知つて來たのです」と答えると更なる差別発言をしたのです。

あんたとこの息子《ママ》さんの教育のために、一つ友達関係を氣をつけてもらいたい。あの部落のやつらは皆低能ばかりです。えゝ、そりや級長になつてゐるのもおりますが、どうも親がうるさいから、お情けで級長にして、親達の普通民へのヒガミや嫉妬封じにしてありますのでへへ…。全くあの部落はコソ泥の集團地ですからな、氣をつけて下さい、エツへへ…(1)

この史料は「徹誠」を「テツシン」、「娘」を「息子」とするなど、正確さには欠けるものだと思います。しかし差別の状況を感じることはできるでしょう。いさほが部落民でないことがわかり、安心して差別発言をしたのか。または自分の失態をごまかすために地域差別の話題に転化したのか。いずれにせよ、いさほの怒りは大きなもので、帰宅するとすぐ区民にこの話を伝えたのです。いさほも差別を容認するような人物ではありませんでした。「自分は部落民ではない」ことが認められれば、それで納得する人物ではなかったのです。娘が差別されなければそれでいいと考える人物でもありません。娘として父小幡と、家族として徹誠と「平等」の価値観を共有していたのでした。

（1）『労働雑誌』労働雑誌社、一九三五（昭和一〇）年八月一日。『復刻　労働雑誌（上）』文献資料刊行会、柏書房、一九八〇（昭和五五）年六月二五日

学校差別から地区差別の問題へ

北部の人々はこの差別事件を見過ごせないものとして、全国水平社三重県連合会（以下、水平社三重県連）に応援を求めました。そこで水平社三重県連は、五月二四日に新田彦藏全国水平社三重連委員長・上田音市執行委員を真相調査のために四郷小学校へ派遣します。毛利は差別を認めました。そこで彼らはいったん北部へ引き上げます。総会で、差別糾弾方法を相談しようとしてのことでした。

ここまでは、学校現場の問題と限定することもできます。ところが総会ではより大きな差別

問題が議題となりました。朝熊の区制差別と区有財産差別問題が再燃したのです。そしてこの問題は一地域の問題にとどまらず、のちには全国的な問題へとなっていきました。教員による差別事件は、「朝熊闘争」とよばれる大事件へと発展していったのです。

当時、徹誠は水平社三重県連からは仲間として認められていました。しかし全国水平社の本部では、まったく無名だったようです。この問題を報じた『水平新聞』[1]の記事には「植木某（一般）といふ僧侶」と記述されています。仲間に対しては少し冷たい記述です。しかし徹誠には、願いがあり、歩みがありました。この後、少しずつ仲間として認められていくのです。

（1）『水平新聞』一九三五（昭和一〇）年七月五日、水平新聞社。『近代文芸資料復刻叢書 第七集 第四巻 水平新聞 復刻版』世界文庫、一九七二（昭和四七）年七月二八日

ふたつの差別

朝熊北部の人たちは差別に苦しんでいました。そのひとつは区制差別です。朝熊区は南部と北部にわかれており、北部が被差別部落でした。もちろん行政区としては一体なのですが、区の役員人事は南部が独占していたのです。それどころか、区民総会に北部の人間が参加することすらできませんでした。区の会計も北部には公開されていません。明らかに除外され、差別

されていたのです。
その理由は、

同區には一千町歩を超す莫大な區有林があり、現に三百町歩を他村に貸してゐるが、當然なるべき區有財産に対する部落側の共同入會權参加の主張を拒むため、特殊部落の故をもつて區政參與から除けものにしてゐるのである。(1)

つまり、南部利権の確保が差別の理由となっていました。区制差別と区有財産差別という二つの差別は一体化していたのです。

『水平新聞』は「差別教員を懲戒免職しろ！区政除外を即時取消せ！區有林の平等なる入會權を認めよ！」(2)と主張しました。朝熊にあるすべての差別問題の根底は一体して認識されました。

(1)『水平新聞』一九三五（昭和一〇）年七月五日、水平新聞社。『近代文芸資料復刻叢書 第七集 第四巻 水平新聞 復刻版』世界文庫、一九七二（昭和四七）年七月二八日

(2) 同

「朝熊闘争」

この問題は教員差別が原因で突然出てきたものではありません。教員差別事件は、きっかけにすぎませんでした。北部の人たちは我慢を強いられていたのです。それが噴出した、ということです。

一九二四（大正一三）年春、朝熊水平社が創立されました[1]。その三年後、最初の朝熊闘争がはじまります。区制と財産の平等を求めたものでした。

一九三〇（昭和五）年八月六日、宇治山田警察署長の仲介で、北部と南部が「協定書」を結びます。運動は強権で抑え込まれたということです。もちろんこの協定は、南部に大変有利なもの、否、南部の主張のままであったことはいうまでもありません[2]。

まず区制については、北部は北部で行政を行う、というもの。つまり朝熊区区制からの排除を固定化するものでした。区有財産である山林については、見積で三五九町歩のうち一〇町歩を北部に譲渡するとされました。財産のわずか三％です。これは一九三五（昭和一〇）年の史料ですが、南部は約一三〇戸、北部は約一二〇戸の地区でした。三％の譲渡とは、常識では考えられないものであることがわかります。そしてこの財産は、過去も将来も北部の人々には全く関係ないもの、と規定されたのです。これでは、北部側の完敗といわざるをえません。

しかし反面、この闘争は多くの教訓を北部に残しました。川村善二郎が簡潔にまとめています。

一、これまで差別にたいして、ただ泣き寝いりするか、ケンカのかたちでぶつかってきたことからみれば、人間としての平等と尊厳を自覚し、また区民としての権利に目ざめ、権利の要求と、組織をつくってたたかうようになった

二、自分たちの生活を破壊し、貧乏におとしいれている最大の原因が差別であること、その差別の中心が行政上の差別であり、また区有財産をめぐる差別であることを知り、差別の実際をはっきりと認識した

三、自分たちを差別している者が、たんに南部の住民というのではなく、その有力者であり、さらに行政機関から警察権力までが、差別をささえていることを理解

四、この差別礼弾闘争をつうじて、北部の青年層が部落解放をめざす活動家として成長をとげたこと。そしてかれらは、部落解放のたたかいは、北部の住民の総力をあげることももちろん必要だが、さらに一般の労働者。農民の解放運動と手をむすぶことが必要であると、十分に理解した

そして「この闘争の欠陥として、南部のまずしい農民と手をむすべなかったこと(3)」をあげて

います。

このように抑え込まれていた事実。問題に取り組む者として成長していった事実が、教員差別事件をきっかけに再燃することになったのでした。

(1)「102　朝熊水平社」前掲『朝熊町歴史資料集・近代編』

(2)「135　協定書」前掲『朝熊町歴史資料集・近代編』全文は巻末史料(二)

(3)川村善次郎「ファシズム下の部落解放運動　三重県朝熊部落のたたかい」『近代日本と部落問題』部落問題研究所編、部落問題研究所出版部、一九七三年一一月一日

三宝寺朝熊説教所の入仏式
出展:『朝熊町歴史資料集・近代編』(伊勢市)

差別問題の再燃

しかし闘争はいったん休止。北部地区はお祝いに染まります。六月一日・二日、待ちに待った三宝寺朝熊説教所の新築落慶法要・入仏式が営まれました。また事実上の「住職」である植木徹誠の就任お披露目も兼ねていた

入仏式。稚児の装束で法要に参加する地区の子どもたち
出展：『朝熊町歴史資料集・近代編』（伊勢市）

ことでしょう。

地区の女の子たちが稚児に扮し、法要に参加している写真が残っています。また「行道《ぎょうどう》」といって、本尊阿弥陀如来の周りを、僧侶とともに歩いている写真もあります。小規模ながらも、立派な法要だったことがわかります。(1)

法要後、いよいよ行動開始です。七月二日、全国水平社三重県連執行委員長新田彦蔵ら六名は、三重県社会課に出頭し「抗議的陳情」をします。そして全国水平社本部から井元麟之を招き、区民大会を開催しました。(2)

前述の『水平新聞』も教員・区制・区有財産の差別を報道します。そして七月三〇日、北部区民総会は、四郷村村長山口林造への一七か条『要求書』をまとめあげました。

一、即時朝熊南北部全区民ノ総会ヲ開キ区長及区長代理区評議員ヲ改選セヨ。
一、朝熊区政ニ関スル機関ノ規約類ヲ区民全部ニ明細ニ知ラシメヨ。（若シ規約ナクバ之ニ代ハルベキ申合セモ細大洩サズ全区民ニ精通セシメヨ）。

一、区ノ出納簿及協議費ノ出納簿ヲ公開セヨ。

一、旧朝熊区会ノ協議事録ヲ閲覧セシメヨ。

一、区ノ協議機関ニ参加セシメヨ。

一、村費ニ依ル道路費使用権ヲ与ヘヨ。

一、区氏神相生神社地内の料木、其ノ他ノ売却ノ明細書ヲ公開セヨ。

一、区ノ古文書及朝熊歴史ノ文献ヲ閲覧セシメヨ。

一、木場ノ使用権ヲ平等ニセヨ。

一、粗朶伐採ヲ全区民ニ平等ニセヨ。

一、土地売買貸借ニ制限ヲ加フル事ヲ禁ゼヨ。

一、小作会ニ参加サセヨ。

一、朝熊北部所有林ノ年貢ハ協定書取交シ直後ヨリ計算シ即時支払フベシ。

一、出口橋ノ南部負担額ハ利子ヲ添ヘ支払ヒセヨ。

一、青年団消防団ニ参加サセヨ。

一、朝熊共有財産ノ所有権利ヲ平等ニセヨ。

一、昭和五年ノ契定書ヲ第三者立会ノ上説明セヨ(3)。

いずれも至極まっとうな要求ばかりと思います。なかでは、差別の歴史を学ぶために地区の古文書の公開を求めていることに注目されます。差別問題という「現象」を解決することを望んでいるのではなく、「根本」から調査し、解決を求めていたことが明記されていると思います。

同時に現区長への辞任要求も出されました。その理由は、朝熊区全区民の公選で選出されていないこと、区の協議を全区民の総意でおこなわなかったことの二点です。北部住民には選挙権も総会への参加権もありませんでした。区長選出も区の行政も、朝熊区の総意でなかったことは事実でした。

(1)「171　朝熊説教所改築落成入仏式」前掲『朝熊町歴史資料集・近代編』

(2)「185　昭和十年度の三重県社会運動の概要」前掲『朝熊町歴史資料集・近代編』

(3)「174　要求書」前掲『朝熊町歴史資料集・近代編』

「暗闇に生まれて」

しかし、北部の人たちは南部の人々すべてに敵対するつもりはありませんでした。南部の人々を含めた四郷村の人々に対しても差別の現状を伝え、その解決への後援をお願いしていました。『四郷村民諸賢ニ訴フ』という史料があります。八月一日、「朝熊北部住民一同」の名前で出されたものです。

この内容は、まず『要求書』に記された差別を記しています。「私達ノ貧乏ノ原因ハ之レナノデス」と説明します。そして一八七一（明治四）年一〇月一二日に「えた・非人」の称が廃止され、身分・職業とも平民同様とされているが、この明治天皇の「解放令」に背くことになる。自分たちも「兵役・納税・教育」の義務を果たしている。と、日本国民としても平等は当たり前と訴えています。

ここには、北部の人々の気持ちが表現されています。「暗ニ生レテ、暗ニ育チ、ダガ暗ニ死ニタクハナイ」と。そのための行動でもあると。[1]

しかし南部側は八月一七日、北部の要求を拒絶しました。[2]

（1）「176　四郷村民諸賢ニ訴フ」前掲『朝熊町歴史資料集・近代編』

（2）「194　朝熊区制差別紀弾闘争の状況（1）」前掲『朝熊町歴史資料集・近代編』

三重県の調査

北部の人々の要求は大変強いものでした。七月三〇日の要求と決議、八月一日の呼び掛け文には「北部住民」の名前で出されていましたが、八月五日までには「朝熊差別区制糾弾闘争委員会」[1]が結成されています。そして八月二八日に、朝熊区制差別糺弾の「三重縣部落民大會」開催の予告記事が出ています。[1] いずれも、相手側の善処を求めるだけではなく、自ら平等を勝ち取るという姿勢の表れでしょう。同日発行の『水平新聞』も朝熊差別を続報しています。[2]

九月五日、『水平新聞』付録に「朝熊差別区制糾弾闘争ニュース」が掲載されました。差別の現状と歴史的経緯を詳細に記しています。ここでは「如何に解放令がインチキで保護政策が皆無だった為、社会的差別が今なほ執拗なりとはいへ、公法上や行政上の上ではゼッタイに、爪のアカ程でも差別取扱ひは許されぬ筈である[3]」と主張しています。私的差別が横行していたことは事実ですが、公的差別の存在は許されるないと主張できる時代になっていたのです。

九月一〇日、北部の人々は百十人の署名とともに陳情書を三重県知事・内務大臣に提出します。[4] ここで区制の差別は、三重県としても問題視するものとなりました。

一〇月二日、三重県社会事業主事岡政雄は、朝熊区長川口虎吉他幹部三名と、翌日四郷村村長山口林造と会見しました。南部側の主張を聞き取ったということです。その報告内容を簡単にまとめてみます。

一、総会開催と区長改選。規約・出納簿・議事録の公開。協議機関への参加。

南部と北部は明治初年から分離。昭和五年の協定により明文化し、円満に調印した。この協定により北部の要求に応じる意思はなく、今後も一緒にやっていく意思はない（北部『要求書』一から五番目への回答）

二、道路使用権について

四郷村から朝熊区へは、毎年道路改修費が支出されているが、これを南部の区費に入れ、道路修繕には使用していない。区長は語ることを避け、村長も多くを語らない（『要求書』六番目への回答）

三、相生神社の木材の売却明細について

相生神社は南部のもので北部には関係ない。かつて氏子札を北部に交付したことがあるが、これは神職が自己の収入を増やすため勝手に交付したものだと推察。よって公開する必要がない（『要求書』七番目への回答）

四、朝熊区古文書の公開

火災により現存しない。また協定書により北部とは全然関係ないもの（『要求書』八

番目への回答）

五、木場の使用権

木場とは、村外に売却する薪炭の置き場。使用権は南部住民のみ。現在は朝熊産業組合の管理で、組合員以外には権利がない（『要求書』九番目への回答）

六、粗朶伐採を平等に

粗朶組合を設け、地主会と交渉し無償伐採が認められた。組合員の新規加入は認めていない（『要求書』一〇番目への回答）

七、土地売却制限の撤廃

土地売却制限の内規はなく、北部住民に制限を加えたことはない（『要求書』一一番目への回答）

八、小作会への参加

小作会は常設ではない（『要求書』一二番目への回答）

九、北部所有林の年貢と出口橋の南部負担額の支払い

すでに支払い済み。遅延については遺憾の意を表明（『要求書』一三と一四番目への回答）

一〇、青年団・消防団への参加について

南部青年団には積立財産があること。団員が多数になりすぎると活動に支障をきたすから合同を好まない。消防団はガソリンポンプを購入したが、北部は経費を負担していないから加入希望を承認しない（『要求書』一五番目への回答）

一一、共有財産の権利を平等にせよ

朝熊区有林は南部区民の所有。区有林を一旦村に無償提供し、南部三名に特売を受け個人所有となったもの。この購入代金は南部区民が負担したので、事実上南部区民のものとなっている。購入に北部民は負担していない（『要求書』一六番目への回答）

一二、昭和五年の協定書の説明

今更声明するまでもない（5）

北部の要求と南部の回答。二つを対比することでより差別の現状がわかります。南部は、協定書を盾にし、区制差別ではなく任意団体の規則で「区別」しているということを主張しました。差別はないとしたのです。事前の準備もあったのでしょう。よく考えられています。

結局北部の要請は二点だけを認めました。また不正らしきものが一点出てきたという程度の結果となりました。

三重県社会課は、一〇月八日に北部への回答書を立案します。これは問題を解決するものではありませんでした。「本問題ノ解決ニハ相当日時ヲ要スル見込」であり「対立的ニ事ヲ構ヘルコト無之、自重シテ円満裡ニ解決スル方途ヲ講セラルヽ様致度候[6]」と問題を先送りするかのようでした。そして北部の行動を自重させようとしていたのです。

（1）「178　朝熊で三重県部落民大会」前掲『朝熊町歴史資料集・近代編』
（2）『水平新聞』一九三五（昭和一〇）年八月五日、前掲『近代文芸資料復刻叢書 第七集 第四巻 水平新聞　復刻版』
（3）「179「朝熊差別区制糺弾闘争ニュース（1）」前掲『朝熊町歴史資料集・近代編』
（4）前掲「179「朝熊差別区制糺弾闘争ニュース（1）」前掲『朝熊町歴史資料集・近代編』
（5）「180　朝熊区の紛擾問題に関する復命書（岡正雄）」前掲『朝熊町歴史資料集・近代編』
（6）「181　三重県社会課の回答書」前掲『朝熊町歴史資料集・近代編』

最初の弾圧

前述のとおり、三重県社会事業主事は「復命書」をまとめました。この「復命書」は、三重県特高課長にも回覧されていました。特高警察も事態を理解していたのです。

一一月二七日、逃亡中の無政府共産党員二見敏雄を発見するためとして、三重県警察は無政府系共産党員の容疑をかけられた者一六名を検束しました。この中に北部の人の名前が出てきます。もちろん二見と北部は何の関係もありませんでした。北部で検挙されたのは中西長次郎と山本平重の二名。中西は一週間、山本は一二日間検束されました。

徹誠については四日間の監視付でした。妻いさほが病気入院中で、事件数日前から病院に泊まり込んでいたのです。

朝から警官の監視を受けてゐる。家宅捜索をやられたことは聞いた。私は近ごろアナーキズムから遠ざかってゐるし、どういふ訳でかうなつたのか判らぬ。多分朝熊区内の紛争問題かもしれないが、二見事件とは何ら関係ないです。(1)

これは徹誠の新聞記者に対するコメントです。

短期間の拘束と監視。つまり、犯罪の事実はなかったということです。徹誠の指摘どおり、朝熊区制問題が原因でしょう。

転居して間もない徹誠でしたが、北部区民総会や『要請書』の作成、そして南部側と三重県の回答を経て、朝熊問題を深く理解した時期になっていたと思います。そして警察からは運動の中心人物の一人と目されていきました。

内務省のまとめた『社会運動の状況　昭和十年』には、「全水縣聯常任委員中西長次郎及同區説教所住職植木徹之助が中心」とあります。そして徹誠らが「區民を扇動し村當局及び南區に對して善処解決を要求し、以て全水の組織擴大に努むる[2]」と考えていました。つまり国家は、差別解決や生活確保のための運動ではなく、全国水平社の組織拡大のための運動と決めつけていたのです。朝熊問題が再燃した一九三五（昭和一〇）年。この時すでに、後の弾圧の名目が登場しつつありました。

（1）「182　三重県アナキスト検挙事件（1）」前掲『朝熊町歴史資料集・近代編』
（2）『社会運動の状況　水平社運動』神戸部落史研究会、一九六八（昭和四三）年一一月一一日

三重全県の問題として

朝熊問題には、北部の人々だけではなく水平社三重県連も精力的に活動を続けていました。県連委員長は新田彦蔵。徹誠を常念寺から三宝寺説教所へと転居させた人物です。県連委員長としては、他の問題も山積みで朝熊だけに関わっていたわけではありません。しかしその活動は大変精力的なものだったと思います。

一九三六（昭和一一）年一月一一日、全国水平社三重県連委員会を開催した後、東京から来訪の中央委員井元麟之とともに朝熊に向かい一泊。現状視察と運動方針協議のためでしょう。同

月二四日、朝熊経済厚生懇談会が朝熊で開催され、区長・村長に加え県からは社会課長等が参加しました。ここでは区有財産の問題と、小学校での差別事件が話し合われたようです。会議の様子は、

区有差別問題善処方を社会課長引き受ける。毛利の件村長に交渉したるに、村長及び区長に誠意なきため会合不利なり。善処するとの言明あり

というものでした。「善処」であり「解決」の約束ではありません。徹誠らは「差別アル所更生ナシ」という立場を表明し、三重県当局への不信感も伝えていました[1]。

しかし新田の活動により、問題は少しずつですが、前向きに動いているかのようにも思われました。

『水平新聞』の報告を見てみましょう。

昭和十年七月より開始せる朝熊差別區制問題の座談會、ビラ、ニュース等による宣傳活動を通じ可成廣範圍に亘つて全水活動が普及し、その間當該部落の改善費問題を取上げて善戦したため組織は着々と擴大した。

具体的な差別事件とそれに対する活動は、差別されてきた人々を勇気づけるものだったのです。少なくとも地元三重県では連帯が広がっていきました。

そして朝熊差別問題に対しては、

之が政治的解決に目標を置き、町村役場並に縣當局に對して抗議をなし當局の社會的責任を糺して、地方改善費問題と常に結びつけ自主的解放條件の確立を目指して邁進しつつあり。(3)

と報告していました。

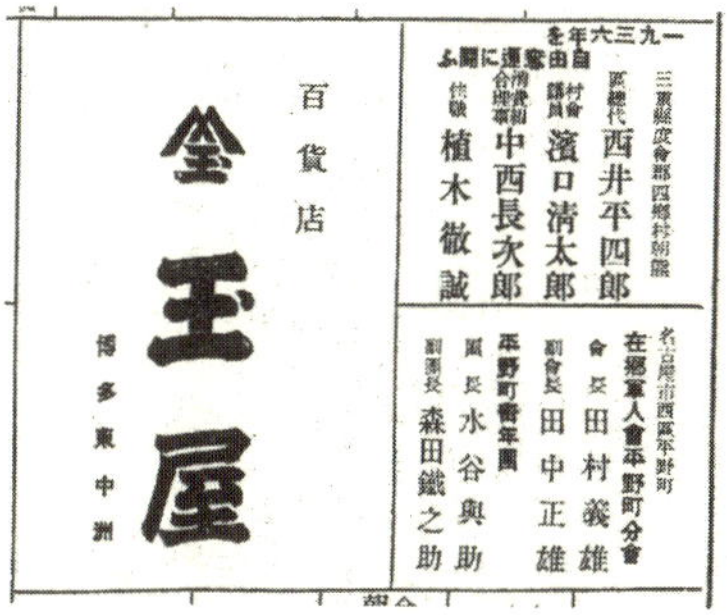

『水平新聞』の年賀広告
（1936（昭和 11）年 1 月 5 日）

（1）『社会運動の状況　昭和一一年』前掲『社会運動の状況　水平社運動』
（2）「195　新田彦蔵の日記（一九三六年）」前掲『朝熊町歴史資料集・近代編』
（3）『水平新聞』一九三七（昭和一二）年二月一日、前掲『近代文芸資料復刻叢書第七集　第四巻　水平新聞復刻版』

神宮林盗伐事件

しかし一方では、北部への圧力が続けられます。いや、さらに強くなってきました。一月三一日、二十名の北部の人が検挙され、翌日にはさらに七名が召喚されるという事件が起きました。[1] 前回は幹部のみの拘束でしたが、今度はそうではありません。しかも警察ではなく宇治山田憲兵隊分遣隊によるものです。一般の人々にとって憲兵隊は警察よりも恐ろしいところと認識されていたはずです。脅しは北部民全体へと拡大していったのでした。

容疑は伊勢神宮林で盗伐をしたというものです。これは事実です。北部民の多数は他人の林にも入り、伐採をして生活の糧を得ていました。「戦争前は、米がどうにかあったのは三軒ぐらい」、「だいたいが焚き物売り」という状態のなかでの稼ぎです。

山へはいって、枯れ枝をおとしたり雑木の下刈りやらをして、焚き物になる木を集めて売りにいきよったんさ。昔は焚き物がよう売れた。材木もよう売れた。(略) あと、「しきび」専門が八人も十人もおった。神宮(林)へはいって、「しきび」を切って、宇治山田あたりにようけ墓がある、あの近所に問屋があるで、そこへもっていって卸すの。

という生活だったのです。毛利訓導が「コソ泥の集團地」と発言したのも、この生活を指しているのです。

しかしこのような伐採は、過去には全く問題になりませんでした。それは、

山主かて山の木を育てるために、枯れ木をおとしたり、雑木の下刈りをしたりせなならんわさ。それをするもんがなけりゃ、山主かて銭出して、人を雇うてせなならん。そやで、もしそれが山の木にとって害になることやったら、山番をつけて柵して、はいらせんようにせなならんわさ。けどどこの山でも、神宮も区有林も境界なしで野ばなしやった。(2)


とあるように、山林の管理も兼ねており、ただ奪うだけではなかったのです。もちろんこれは従来からの慣習でしかありません。法的に見れば盗伐となるのです。

この神宮林の伐採問題については、徹誠は大失敗をやらかします。

徹誠のもとには、神宮林へはいれなくなった理由を聞きに来る人たちがいました。その人たちに対して植木は、

私は「かまわないから入れ入れ」といってやった。枝を払うだけで、木が枯れるじゃなし、来年もとりたいから又芽が伸びるように上手に払ってくる。熟練者ですからね。君らが木を育てて

いるようなもんだから、とって来いといってやりました。だから夕方帰ってくる彼らに会うと、「今日は収穫あったなあ」てなことになる。(3)

徹誠は弾圧を警戒していませんでした。国家の弾圧姿勢を見くびっていたのです。徹誠と村会議員らは憲兵隊に対し、抗議するのではなく「区民の生活状態をうったへ、同情ある処置をとられるやう陳情(4)」するしかありませんでした。

結果は二月一三日、書類送検で済まされています。(5)しかし拘引という事実に加え、生活の糧を奪われる圧力になったことは間違いありません。

(1)「189　神宮林盗伐事件（2）」前掲『朝熊町歴史資料集・近代編』

(2) 山本平重「連載・聞き取り水平社運動2　わしは「尊い」とおもうのや　三重・朝熊闘争をささえた心」『部落解放』部落問題研究所、一九九二（平成六）年六月一〇日

(3) 前掲　植木徹之助・梅川文男「異色対談　解放闘争の思い出」

(4) 前掲「189　神宮林盗伐事件（2）」

(5)「190　神宮林盗伐事件（3）」前掲『朝熊町歴史資料集・近代編』

差別に対する四郷村の姿勢

国（憲兵）や県（警察）は北部に対し脅しをかけました。しかし北部・南部を統括する四郷村は、困った立場に追い込まれていきました。村行政での差別が明るみに出たのです。

三月五日、徹誠・中西・山本の三名は、四郷村村長、村会議員を訪問します。村の助役により「差別貧困証明書」といえるものが発行されていたのです。この問題を問い詰めるための訪問でした。

三月三一日、全国水平社四郷支部は四郷村役場を糾弾します。村発行の身分証明書に「差別貧困証明書」といわれるものがさらに一通存在したことが発覚していました。二通目についても四月四日に中西らが村長を問い詰めます。この二通の差別証明書は助役の手によるものでした。全国水平社四郷支部は、村に誠意がないとして全国的な問題化を図りました。

この問題に対する村当局の認識は、

差別区政問題ヲ繞リテ北区対南区ガ対立シ、延イテ村当局ノ之ニ対スル措置ヲ不満トシ此ノ対立感情尚清算セラル、（ママ）ニ至ラサル今日、更ニ本事件ヲ発生セシメ、村内ノ紛糾ヲ一層深刻ニ導キタルハ全ク同村役場ノ一大失策ナリトシテ其ノ非ヲ悟リ居リというものでした。差別をし、新たに問題を起こしていたことよりも「紛糾ヲ一層深刻」にしたことを問題視したのです。だから「糾弾者側ヨリ謝罪其他要求アルトキハ之ニ応ジ解決セムトスルモノナリ」(1)と考えていました。つまり、村当局としては自発的な行動は考えていなかったということになります。無難に、受け身に、問題に対応しようとしていたのです。

(1)「191　四郷村役場ノ差別証明書事件」前掲『朝熊町歴史資料集・近代編』

衆議院での質問

五月一六日、第六九議会開会中、衆議院議員松本治一郎の質問がおこなわれました。全国で発生した種々の差別事件をとりあげます。もちろん朝熊の問題も取り上げられました。松本は、

次は、伊勢大神宮の接続地域である三重県度会郡四郷村朝熊区に於ける差別問題であります。此区は部落側が百二十戸程、一般側が百三十戸程で一区を成して居るのでありますが、此区の共有林約一千町歩の入会権から部落民を除外し、村当局等が之を横領して居るのであります。

と現状を報告し、「私は最近に於いて、是程深刻な差別事件を知りませぬ。私は寧ろ事実を疑

ひたい位であります」と怒りを表明します。そして、

此問題は昨年の夏頃から、部落大衆の奮起する所となり、人民権を認めよ、奪ったものを返せと絶叫して今日に至って居るのでありますが、村当局も、県当局も全く不誠意で、何等解決促進の為に努力する所がないのであります。

と続けました。

国務大臣潮恵之輔は「政府としても洵に遺憾に存ずる」。「此の問題の正しき解決に向っては全幅の力を尽さうと思って居ります。只今御示しになりました、各地で起りましたそれぞれの事件、之に向っても正常な解決の途に進めるやうに努力致して居ります」と答弁しました。しかしこれらの差別の原因を「他の者の誤解、或は不注意不用意等」[1]との認識を示しています。差別事件は政治的・経済的問題とは認識されず、差別者の個人的問題であるかのような答弁をしていました。

(1)「192　帝国議会における松本治一郎の質問演説」前掲『朝熊町歴史資料集・近代編』

生活の中で

松本の質問は朝熊北部の人々を勇気づけたと思います。翌々日一八日、四郷村楠部公会堂で朝熊事件座談会が開催されます。北部代表は徹誠でした。(1)徹誠が完全に運動の中心人物の一人になっていたことがわかります。

このころ徹誠らは、運動の拡大を「被差別部落」にだけでなく、広く人々に訴えることを計画しました。そこで全国農民組合の朝熊支部結成の相談をはじめたようです。内務省は「全農三重県連常任書記遠藤陽之助の指導を受け、運動を活発化」したと記録しています。(2)

貧しいのは北部の人々だけではありません。他の苦しんでいる農民との連帯も求め始めたのでした。当然南部の農民たちを排除するものではありません。徹誠らは北部だけ、差別だけの問題だけを見つめていたわけではなかったのです。

この年、労働組合九七三(四二万五八九人。戦前最高)、組織率六・九％、同盟罷業四九八件(参加二万六七七二人)。小作人組合三九一五(二二万九二〇九人)、小作争議五七六九人(参加五万八六七五人)(3)が記録されています。生活困窮は被差別部落の人々だけではありませんでした。

この運動の拡大は遠藤陽之助の影響が大きかったと思います。遠藤の主張は、

吾国現下ノファッショ強圧ニ対シテハ、社会民主々義陣営其ノ他ノ団体内ニ於ケル反ファッ

ショ勢力ヲ糾合シ、反ファッショ人民戦線ノ統一ヲ図ラザルベカラズ、従ッテ資本ノ攻勢、ファシズムノ脅威、戦争ノ危険ニ対スル農民ノ闘争意識ヲ啓蒙シ、水平運動、農民運動、並政治運動ニ於ケル有ユル合法場面ヲ利用シ、反戦反軍、反ファッショノ意識ノ下ニ無産階級ノ団結ヲ図リ、日常闘争ヲ通ジテ反ファッショ人民戦線ノ樹立ヲ期セザルベカラズ(4)

というものでした。つまり、反ファッショ勢力の統一が必要であり、「資本ノ攻勢、ファシズムノ脅威、戦争ノ危機」という生活を破壊するものに対して「水平運動、農民運動、政治運動」による「反戦反軍、反ファッショ」への行動が必要であるということです。

特に注目したいのは『有ユル合法場面ヲ利用』することと、「日常闘争ヲ通ジテ」実践することを主張していることです。非合法ではなくまた非日常活動でもない活動。生活者が生活の中で活動していくことを訴えていたのでした。

(1) 前掲「195　新田彦蔵の日記(一九三六年)」
(2) 『特高外事月報　昭和十三年六月分』内務省警保局、一九三八(昭和一三)年七月二十日
(3) 岩波書店編集部編『近代日本総合年表　第四版』岩波書店、二〇〇一年一一月二六日
(4) 前掲「225　三重県特高課司法警察官の「意見書」」

反差別と反戦

運動の新たなアイデアが続きます。六月二二日、三宝寺説教所に徹誠・中西・山本久米次郎《（ママ）》・遠藤陽之助・新田彦蔵が集まります。ここで自転車隊を組織して請願運動を行うことが決められました。機動力を使い、より広範囲での請願を狙ったということでしょう。[(1)]

九月二三日、松阪市の公会堂で部落代表者会議が開催されました。三重県下からは三〇部落一一二名の参加です。ここでは「朝熊區制差別糾彈運動」が支持されます。

そして会議に引き続き「朝熊差別區制糺彈演説会」が開催されました。全国水平社本部からも松本治一郎、井元麟之、藤原権太郎、朝倉重吉が到着しました。聴衆は八五〇名、「松本治一郎、朝倉重吉、植木徹成《（ママ）》の演説は相當感動を與へた」と記録されています。[(2)]

注目したいのは、この記録は内務省によりまとめられたということです。徹誠らを検束や監視をしていた内務省。つまり徹誠らに敵対している内務省も、人々の感動を認めざるを得なかったということです。

翌日、松本らは三重県庁に陳情をしています。もちろん徹誠も同行していました。残念ながら知事は不在で、総務部長・特高・社会課長との会見でした。

その夜、朝熊三宝寺説教所でも「朝熊区制差別糺弾の演説会」が開催されます。全国水平社本部の四人も参加しています。三〇〇名の聴衆を集めるという盛況ぶりでした。[(3)]

ここで初めて反軍発言が記録されています。おそらくこの時期から、農民運動や政治運動との連携が具体的に始まっていたのではないでしょうか。史料では「軍部官僚ノ排撃、資本ノ攻勢阻止、ファッショ打倒、無産政治戦線ノ統一ヲ強調(4)」したとあります。また他の史料を見ても「昭和十一年以來、所謂朝熊區制差別糾彈運動に關し開催せられたる差別闘争委員會、或は區民總會の席上を利用しファッショ反對、戦争の危機を強調(5)」したとあります。

徹誠らの活動は、北部から日本全体の問題へと進み始めていたのです。差別だけでなく、戦争にも注目しはじめたのです。

(1) 前掲「225 三重県特高課司法警察官の「意見書」」
(2)『社会運動の状況 昭和一一年』前掲『社会運動の状況 水平社運動』
(3) 前掲「195 新田彦蔵の日記(一九三六年)」
(4) 前掲「225 三重県特高課司法警察官の「意見書」」
(5) 前掲『特高外事月報 昭和十三年六月分』

一年間の新田彦蔵日記

十一月二十七日、徹誠らは松阪市役所へ出向きます。この日三重県主催の「融和懇談会」があり、部落代表者三〇名が参加しました。徹誠らは、「桝本社会課長に誠意なく、官憲の態度は欺瞞なりと宣伝扇動」[1]したと史料にあります。

しかし新田彦蔵の日記には十一月二七日の記述がありません。懇談会には不参加だったのでしょう。

一カ月後、十二月二七日の記述があります。そこには「社会課差別事件座談会、松阪市役所」とあります。差別の問題と深くかかわる部署ですら、差別事件を引き起こしていたのです。新田の仕事は増え続けていました。

三重県下で八面六臂の活動を続けていた新田。疲れは日記の記述の不正確さを生み出しました。「10・31」という日付が記録されています。

しかし新田の日記は、一九三六年一年間の記録であり、警察史料に表れない小さな活動も記録されている重要な史料です。そのうち朝熊に関する記述だけを紹介します。徹誠らの活動が確認できます。

一月　二日　全水県聯委員会、全農事務所。井元氏来県。夜、朝熊へ、井元氏同行す。
　　　三日　朝熊在留。
　二四日　朝熊経済厚生懇談会（社会課長及び河村、志田三氏等来席）

二五日　朝熊在留。
二月　七日　夜、朝熊出張、泊り。
八日　朝熊にて、「□」委員会開催、部落綱領の作成。
三月三十日　四郷村講演会、※新田、井元、上田
三一日　朝熊問題調査（新田、植木）。午後一時村会。
四月一四日　朝熊出張
一八日　朝熊出張。
五月一八日　四郷村楠部公会堂にて〜※朝熊事件座談会（部落代表、植木氏）。
二三日　新田〜朝熊泊り、他7名
六月二二日　朝熊、「□」委員会。
二七日　朝熊、出張を要す。
二八日　朝熊打合せ。
七月一六日　朝熊打合せ（宿泊）。
八月一一日　朝熊出張
二五日　浜郷村小学校にて、融和問題研究会。県より河村氏出席。（上田、新田）
※南部は出席せず。

二九日　四郷村役場にて社会課長と会見、北部代表及び新田。
九月二三日　三重県部落代表者会議（松阪）、一二〇名参会、盛大なり。
午後二時四三分、松本氏、藤原権太郎氏、井元麟之氏、朝倉重吉氏出迎え。
二四日　県庁訪問～知事不在。総務部長、特高、社会課長と会見。代表＝井元、藤原、
朝倉、新田、植木、中西、西川、西中、上田音、上田幸、藤谷、浜口。
「□」、「□□」ヶ瀬、田村、黒瀬演説会。弁士＝井元、新田、松本、藤原、朝倉。
夜＝朝熊にて演説会、入場者三〇〇名。
一〇月一九日　朝熊、元村長と会見。
二七日　朝熊事件～特高課長と会見
三〇日　朝熊闘争委員会開催。一泊。
一一月　二日　県聯常任委員会及び朝熊特別対策委員会。
三日　全水中央委員会出席、上田・新田
四日　全水総本部において打合せ。
五～六日　朝熊報告会（中央委員会）。
九日　社会課事件、大「□」特高と増本社会課長に会見。
小林、藤本、木村菊、山下、上田、西中六

三一日　社会課事件、県庁訪問、十時。（人名メモあり）。
一二月二七日　社会課差別事件座談会、松阪市役所。(2)

しかし新田がこれだけの活動をしても、朝熊の問題は「村長の消極的態度と南部住民の封建的思想に基く態度とにより一歩も解決へ前進せず、紛糾は益々尖鋭の一途を辿りつゝあり(3)」という状態のままでした。

（1）前掲「225　三重県特高課司法警察官の「意見書」」
（2）前掲「195　新田彦蔵の日記（一九三六年）」
（3）前掲『社会運動の状況　昭和一一年』

大谷派と徹誠

少し話がずれるようですが、ここで部落差別問題に対する真宗大谷派の行動を確認したいと思います。これは、なぜ大谷派は朝熊問題に関わらなかったか、徹誠と連帯しなかったか、を知るために必要だと思うからです。

大谷派による部落差別は、「そういう時代だったから」、「そういう社会だったから」というような言い訳ができるものではありませんでした。大谷派は自身の利益のために部落差別を積極的に利用していたのです。

一八八一（明治一四）年七月、ある被差別部落の門徒が、自分たちの住職の階級を三段階上げようと計画しました。本山もそれを認め、階級をあげるため上納金を即金で二百円、年賦で二五〇円を請求します。ところが本山は階級を二段階しか上げません。人々が抗議すると、年賦である残金のうち百円を即納するよう要求します。しかし本山は、百円が納められたにもかかわらず、階級を上げませんでした。

ここで言えることは、大谷派は「富」を得るために部落差別を利用していたのです。そこで人々は裁判に訴えました。すると大谷派は、約束通り階級をあげたのです。つまり大谷派の「名声」を守る行動をとったのでした。大谷派は周りの状況・環境に流されて差別をしたわけではありません。「平等」という価値観ではなく、「富と名声」という価値観により部落差別と接していたということです[1]。

大谷派が組織として部落差別に対応したのは、一九二一（大正一〇）年一月三一日の社会課設置がはじまりです。しかしここは「宗門の社會的施設の調査と其の實行を促進[2]」するために設置されたもので、部落差別問題の専門部署ということではありませんでした。

一九二六（大正一五）年三月二五日、社会課内に「融和運動の目的を達する為」の団体として「真身会」が結成されます。[3] 会長は武内了温でした。以後は真身会を中心に部落差別問題に関わっていきます。ところがこの真身会、朝熊の問題には一切登場しません。この問題とは無関係だったようです。では、朝熊の問題に無知だったのでしょうか。

前述のとおり『水平新聞』には朝熊問題が掲載されていました。そして『水平新聞』には「東本願寺」の年賀広告が掲載されています。[4] 年賀広告を掲載するということは、『水平新聞』を購読していたと考えていいと思います。

また「朝熊闘争」が激しくなっていた一九三六（昭和一一）年一一月八日、真身会の三重分会が創立しています。[5] 本部は伊勢に隣接する「飯南郡」（現・松阪市）にありました。これだけの距離ならば、「朝熊闘争」の情報はあったはずです。知らなかったという言い訳は不可能でしょう。

大谷派真身会は「經費は補助金と寄附金によつて支辨[6]」される団体でした。内務省からも下付金を受け取っていました。[7] つまり国・政府と対立する立場にはなかったということです。だから無視するという態度に出たのだと考えられます。いや、もともと連携できる立場にはなかったというほうが正確でしょう。

私たち僧侶は、時の権力と結んで支配階級の立場にたち、特に部落の人達をけがれ多い者とし

て差別してきた。私はその罪ほろぼしとして、この運動に入ったのです。(8)

これは徹誠の発言です。大谷派僧侶であった徹誠。しかしその姿勢は、大谷派とは全く異なるものでした。この違いは、日中戦争が勃発するとより明確になっていきます。

(1)「仏教と部落」滋賀県部落史研究会編『復刻　滋賀県の部落　下冊』滋賀県同和問題研究所、一九九八(平成一〇)年一二月五日
(2)「社会課職制」『宗報』大谷派本願寺寺務所内宗報発行所、一九二一(大正一〇)年二月十五日
(3)「真身會の創立」『宗報』大谷派本願寺宣伝課、一九二六(大正十五)年五月五日
(4)『水平新聞』一九三六(昭和十一)年一月五日、前掲『近代文芸資料復刻叢書 第七集 第四巻 水平新聞　復刻版』
(5)「真身會三重分會創立」『真宗　臨時増刊』大谷派宗務所社会課、一九三六(昭和十一)年二月一〇日
(6)前掲「真身會の創立」『宗報』
(7)『真宗』大谷派本願寺宣伝課、一九二九(昭和四)年二月五日
(8)山崎智「入会権闘争の歴史を伊勢朝熊町にさぐる」『部落』部落問題研究所、一九七二(昭和四七)年八月一日

全国への訴え

一九三七（昭和一二）年一月一五日、新年最初の「朝熊区制差別闘争委員会」が三宝寺説教所で開催されます。ここでは、

1　差別闘争ノ為署名運動ヲナシ、全水全国大会ヲ動カシ、内務大臣ニ陳情セシムルコト。

2　全水全国大会ニ朝熊ヨリ一名出席シ朝熊問題ヲ説明スルコト。(1)

と、三月開催を控える全国水平社全国大会への参加を計画し、協力を得たうえで政府への働きかけを狙っていたのです。そして朝熊代表は徹誠と決められました。二月三日には全国水平社三重県連合会支部代表者会議が開かれています。朝熊の決議は、ここで三重県連合会にも承認されたのでしょう。(2)

三月三日、全国大会が東京で開催されました。三重県連からは「朝熊入會権問題に関する件」が提出されます。この議題は時間の都合上、「朝熊區差別紀弾闘争の件（小作法、労働組合法、民衆金庫法）軍隊内の差別撤廃の件」の四件が一括上程され異議なく可決。実行方法は中央委員に一任されるということに決しました。(3)徹誠は帰村後の八日、三宝寺説教所で報告演説

会を開催しています。(4)

この上京時ではないかと思います。徹誠は共有林について弁護士布施辰治に相談をしているのです。布施辰治は社会運動に理解のあることで有名な弁護士でした。布施は、「区民には平等に入会権があり、収益も公平に分配すべきものである」と助言してくれました。徹誠は、「益々やる気」になったのです。(5)

（1）前掲「225　三重県特高課司法警察官の「意見書」」
（2）「水平新聞」一九三七（昭和十二）年二月一日、前掲『近代文芸資料復刻叢書 第七集 第四巻　水平新聞 復刻版』
（3）前掲『社会運動の状況　昭和十二年』前掲『社会運動の状況　水平社運動』
（4）前掲「225　三重県特高課司法警察官の「意見書」」
（5）前掲　植木徹之助・梅川文男「異色対談　解放闘争の思い出」

選挙と反軍

三重県を代表し全国水平社常任中央委員に就任した上田音市は、地元での政治活動にも参加していきました。三月一一日の松坂市議会改選選挙に社会大衆党から当選します。そして翌月、今度は衆議院議員選挙に同党公認で出馬したのです。これは地盤を変えての出馬で、圧倒的に不利なものでしたが、候補者である川村尚武中将を落選させることを第一の目標としたためのものでした。

四月一〇日、選挙に向け選挙委員を決定します。そして応援弁士には全国水平社三重県連顧問として「植木徹之助」の名前が挙がっています。早速十三日に五カ所で演説会が開かれます。その応援は「弁論概シテ穏健ナリキ」と警察は記録しています[1]。

上田音市によれば徹誠の応援演説は、

> 皆さん、夏の暑さの厳しい時には、虫は草木の中に隠れて耐えている。水を砂地にまかずにその草の中にまくと虫が喜ぶ。上田音市に投票すれば、結局は皆さんのためになるのですよ[2]

というものだったそうです。社会の厳しさを暑さに、庶民を虫にたとえて穏やかに、かつわかりやすい話だったようです。

選挙演説には別働隊が二つ結成されそれぞれの方面で活動していたのですが、徹誠は上田とともに各地を訪問していました。徹誠の応援演説への評価と期待が見えてきます。「其ノ言論ハ一般無産大衆ニ相当反響ヲ与ヘツヽアル」ものでした。朝熊の水平社からカンパもとどいています。[3] 苦戦ながらも自らの声を人々に届けることは、大きな仕事と自覚していたことでしょう。

徹誠の主張は、当初は警察から「穏健」と評価される程度でしたが、しだいに「戦争は無産階級の子弟を弾丸にするもの」[4]と強い戦争批判へ発展していったようです。この頃はまだ、戦争批判も合法でした。徹誠の反戦思想は、北部を越えて広められたということです。

しかし警察は、「候補者自身ハ当選第一主義ノ如キモ、応援弁士ノ大部分ハ之ヲ機会ニ全水、全農ノ拡大強化ノ為メアジプロヲ為シツヽアルヲ観取スルモノナリ」[5]と、選挙以外の目的を持つかのように記録していました。

三十日投票。選挙順位は第七位。落選でした。

（1）「全水常任中央委員上田音市ノ選挙運動状況ニ関スル件」『三重県部落史料集　近代編』、三一書房、一九七四（昭和四九）年十二月十五日

（2）『解放運動とともに　上田音市のあゆみ』三重県部落史研究会、三重県良書出版会、一九八二（昭和五七）年三月三日

（3）前掲「全水常任中央委員上田音市ノ選挙運動状況ニ関スル件」

（4）前掲川村善次郎「ファシズム下の部落解放運動　三重県朝熊部落のたたかい」

（5）前掲「全水常任中央委員上田音市ノ選挙運動状況ニ関スル件」

社会大衆党支部の結成準備

しかし政治活動は続けられます。徹誠・中西長次郎・山本平重らは、六月十一日に社会大衆党宇治山田支部結成のための第一回準備委員会を開催します。

「社会大衆党ハ合法運動ニシテ何等弾圧ヲ受クルモノニ非ザル」との認識でした。そして「成可ク新人ヲ先頭ニ立テ、組織シ、有ユル《（ママ）》方面ヨリ党員ヲ獲得スルコト等ヲ強調[1]」していました。自らを中心人物に据えることが目的なのではありません。より広い連帯を求めることを目的としていました。

同日、三重県の岸和田紡績津工場がストライキに入ります。労働者約四〇〇名が、市内の劇場に籠城しました。そして労働組合が結成されます。この労働争議と朝熊北部の人達との連携がありました。岸和田紡績には、他の被差別部落の人達が雇用されていたことも関係するでしょう。一集落の問題が、虐げられている人々全体の問題となっていたのです。労働争議も一工場の問題だけに止まっていなかったのです。劇場の壁には「たたかう苦しさは一つ・朝熊の兄弟をすくえ」と書かれていたということです（『夢を食い続けた男』）。

十九日に第二回準備委員会をおこない社会大衆党支部の準備会結成大会開催を取り決めてい

ます。大会は七月四日、宇治山田の真宗大谷派説教所を会場に開催されました。[2] 説教所の責任者である僧侶寺西信一[3]の応援もあったのでしょう。実家の西光寺を除き、大谷派唯一の徹誠理解者だったと思います。

ところがこの日、北部では大変大きな運動が起きている真っ最中でした。徹誠ら三名は欠席となっています。

（1）前掲「225　三重県特高課司法警察官の「意見書」」
（2）同
（3）真宗大谷派常照寺（旧　山田教会）住職米澤典之によれば、一九三〇（昭和五）年から一九四一（昭和一六）年まで説教場・山田教会主幹。戦後も主幹を務めた。

六月三十日

選挙後、朝熊問題は大きく動き始めました。いや、正確に言えば村行政と南部は従来の方針に止まったままです。だからこれに不満な北部側がより大きな行動を起こしたということです。

朝熊問題について特高警察は、「村長の消極的態度と南部住民の封建的思想に基づく態度とにより一歩も解決へ前進せず、紛糾は益々深刻尖鋭の一途を辿」っていると報告していました。[1]

特高警察は南部側に問題があることを理解していたということです。

それに比べ三重県は「双方強硬意見ヲ墨守シ些カモ譲歩的態度ニ出ザル為、事態一歩モ進展ヲ見ズ[2]」と双方に非があるとの見解に立っていました。

六月三〇日、三重県主催の融和懇談会が開催されます。ここで社会課長から提案がなされました。それは、

1. 字北部は大字朝熊區より分離し大字區として獨立すること。
2. 村當局は北部存立に要する若干の費用として村有林中の一部を提供す。
3. 字南部は北部に對し友愛の精神を以て獨立を祝し之を祝賀する為若干の金圓を提供す。

というもので、北部と南部を平等に見るのではなく、分離をさせることで問題解決を図るものでした。これでは若干の金銭と引き換えに土地の権利を放棄し、差別を固定化することになってしまいます。北部代表は「社會課長の本件に對する所見は吾々の信頼を裏切るもの[2]」と憤りました。

懇談会終了直後午後五時三十分、水平社三重県連は「部落代表者会議」を開きます。そこで「本問題解決ノ鍵ハ全ク全水同人独力ノ力アルノミナルヲ以テ、吾々ハ法ノ許ス範囲ニ於テ全

力ヲ動員シテ闘争ヲ開始スル」と決議したのです。「新闘争方針」です。「過去の闘争方針（陳情中心の活動）を放擲して全水独自の自主活動によりて解決を圖る」(3)ことになりました。

午後六時四十分終了。すぐに朝熊の三宝寺説教所へ移動します。演説会を開催する為です。開始は午後八時一五分。北部の人々八十名が参加しました。急な連絡だったと思いますが、大勢が駆け付けました。

大切なことですので確認しておきます。北部の人々は「法ノ許ス範囲」での闘争を計画していたのです。非合法活動を謀っていたのではありません。

司会者徹誠が開会を宣言します。新田彦蔵ら七人の激励演説が続きました。彼らの演説は「社会課のみの斡旋に頼ることなく独自的全水の活動を鞏固なる団結の圧力を以て盛り挙げる」(4)ことを強調しました。これらの演説は「相当反響」を呼びました。みなが同じ思いに至っていたことは間違いありません。

演説が終わると、今度は区民が動きます。演説会を区民大会に変更し、具体的な対策を協議しようとの動議が提出されたのです。司会者徹誠がみなに諮《はか》ります。異議なく決定。これはただの活字史料なのですが、人々の熱意が渦巻いているように読めます。そうとしか読めない史料です。

区民大会では「司会者徹誠」が議長に推挙されます。徹誠も高揚していたことでしょう。ここで三つの提案が出されます。

一つは問題解決のため南部の役員を個別訪問し、誠意ある回答をもとめることです。北部の一六名と県連の三名を八組に分け、南部区長・区長代理・村会議員を訪問するというものです。二つ目は、北部の結束を固めるため、裏切者への罰則を定めたことです。裏切者には、この闘争費用の全額を負担させるということになりました。

三つ目は四郷村村長の訪問です。中西長次郎は、

村当局ハ本件ニ関シ極メテ冷淡ナリ、吾々ハ斯クノ如キ差別ヲ受ケル村ノ学校ニ対シ児童ヲ登校セシムル事モ如何カト思料セラルヽ、ニツキ村長ニ面会シテ善処ヲ要望スル

と提案しました。村長訪問は翌日午前九時と決定されます[5]。そして同盟休校の提案もなされました。

ところがここで警察が動きます。三宝寺説教所での演説会と区民総会は警察により監視されていました。制服警官が三名、私服警官が三名いたのです。「推移厳重警戒中」であり「管下関係警察署長ニアリテハ之ガ動静厳密視察内偵セラルベシ」との指示が出ていました。警察は北部の人々を「犯罪予備軍」と見ていたということです。また集会に対する圧力となるべく参

加していたのでしょう。警官は同盟休校に議題が及ぶと、

児童休校ニツキ具体的ニ議決セムトスル形勢アリタルニ就キ、不穏当ト認メ注意ヲ与ヘタル処、休校問題ハ留保考慮スルコトトナリ

と「注意」を与えたのです。[6] 一旦留保となりましたが、北部の人々の怒りは頂点に達していたことがわかります。

北部の人々はすぐに行動に移ります。夜遅い時間ではありましたが、南部の幹部への訪問です。警察は「面会強要其他不法ノ挙ニ出ヅルコトナキ様」に厳重注意をし、結果に関わらず、報告後すぐに大会を解散することを警告しました。

結果、南部区長は「昭和五年ノ協定ニ依リ一時解決シタルモノニ就キ考慮ノ必要ナシ」との回答。村議の一人は「誠意ヲ以テ善処スル」、もう一人は「南北役員ガ折衝スレバ問題解決ヲ見ルモノト思料セラル丶ニ付善処スル」。区長代理は「明朝会見スル」というものでした。他の訪問先は不在でした。

南部側は拒否、村議は「善処」の繰り返し。つまり、従来と何も変わっていませんでした。総会の結びは徹誠の言葉でした。「今日の会見結果より見て如何に南部が誠意なきや知る事が

出来る、吾々は最后《ママ》迄結束して闘争すべきなり」。

閉会後、一二名が闘争委員会を開催します。今後の具体的方針は、全国水平社本部が数日後に来援するのを待つこと。南部側幹部に善処を求めていくことを決めて解散しました。

区民大会閉会は午後一一時四五分。闘争委員会解散は翌日午前一時でした。(7)

(1) 前掲『社会運動の状況　昭和一一年』
(2)「度会郡四郷村朝熊区政差別事件」前掲『三重県部落史料集　近代編』
(3) 前掲『特高外事月報　昭和十二年八月分』
(4) 同
(5) 前掲「度会郡四郷村朝熊区政差別事件」
(6) 同
(7) 同

苦悩する人々

七月一日、徹誠ら北部代表一六名と応援の八名が四郷村村長を役場に訪問しました。先に提出した十七カ条の要求書に対する村長の考えを質問をします。村長は「抽象的ナル回答ヲ為シ、具体的発言ヲ避ケ[1]」ました。

しかし村長は、北部の敵、南部の味方というわけではなかったようです。板挟みになった苦悩を警察に吐露しています。

何分本問題ニ付テハ南部側ハ頑迷ニシテ一歩モ譲歩ノ意志ナク、全ク折衝ノ余地ナク会見スラ受容レザル状況ニアルタメ、解決ハ困難ニシテ今後交渉スルトセバ、先ヅ区長以外ノ者ヨリ説得シ解決ノ気運ニ導カネバナラナイト考ヘテヰル。曩ニ社会課長ノ全水幹部ニ提示セル私案ナルモノハ、私の提案ニ係ルモノニシテ今デハ南部ハ其ノ案ニスラ反対シテヰル次第ニテ、北部ガ分離スルニ於テモ、経済的援助ハ全然意思ガナイ様デアル。従ツテ目下私案モナク社会課長ト相談ノ上デ、何トカ考ヘタイ。然シ一週間以内ニハ何等カノ回答ヲスル考ヘデアル[2]。

何もしていない、何にも出来ていないということは、結果として南部側に利する行動をとっているということです。その事実は否定できないのですが、「区長以外ノ者ヨリ説得」を考えるなど、誠実な対応への可能性も見えてきます。

また水平社三重県連も苦悩していたようです。遠藤陽之助の言葉です。

本間題ハ早急ニ解決セザルニ於テハ如何ナル事態ヲ惹起スルヤモ知レズ、北部ニ於テモ分離亦止ムヲ得ズト考ヘテ居ルガ、曩ニ提示ノ社会課案ノ分離見舞金額ガ独立区トシテノ形態ニ必要ナル財産ヲ得ラルルカヾ問題デ、自分トシテモ出来得ル限り早急ニ解決ニ努メタイ。一度社会課長ヲ訪レオ願ヒスル考ヘデアル。(3)

個人的な意見なのでしょうが、闘争一本やりではなく経済的な問題を解決したいという発言と思えます。

北部の人々、その仲間、村長。立場は違えど解決への苦悩が続いていたことも事実です。ただ南部側だけは「北部側ヨリ如何ナル要求ガアルニセヨ又如何ナル態度ヲ以テ臨ンデ来テモ飽迄昭和五年ノ調停ヲ固執シ、絶対応ゼザル事ニ態度ヲ決定(4)」し、交渉の余地もありませんでした。

(1) 前掲「度会郡四郷村朝熊区政差別事件」
(2) 同
(3) 同
(4) 同

同盟休校

七月一日の村長との会談は、同夜徹誠により人々に伝えられました。すぐに南部側の幹部を再訪することが提案されましたが、当夜は三宝寺説教所で県会議員候補の演説会があり、その終了が遅れたため中止となりました[1]。

そして、新たな抗議活動が起こります。それは北部の小学生の同盟休校でした。幹部の行動から住民全体の行動へ。そして子どもも行動することになっていったのです。

三日、小学校六年生十七名、高等科一年生十四名、高等科二年生六名、計三七名の同盟休校がありました。高学年の子どもの同盟休校です[2]。

四日、三宝寺説教所で闘争委員会が開かれます。そして五日夜の南部側幹部の訪問が決められます[3]。南部側が、同盟休校を考慮し、譲歩することを期待していたのでしょう。

ちなみにこの日、社会大衆党支部の準備会結成大会でした。もちろん徹誠らは欠席です[4]。

五日朝、高学年生だけの同盟休校は低学年までを含めたものに拡大しました。突然の決定だったようです。決定までの詳しい経過については、史料が残されていません。ただ目的は「尋常六学年以上ノ同盟休校ノミニテハ南部及村当局ヘノ反響少ナシト観取[5]」したためでしょう。一年生十八名、二年生二七名、三年生二二名、四年生一六名、五年生二二名。そして六年生と高等科一・二年生を合わせ一四二名の休校でした。参加生徒は三倍以上となりました。同日、全水三重県連も同盟休校を応援する「指令」と「激」を発表し、県下各支部・関係団体に発送しています(6)。

当時の新聞は「三日学童三十名が登校せず注目されてゐたところ、五日朝約百名の学童が同盟休校を決行し、事態は憂慮されるに至った(7)」と報道しています。確かに事態は五日に大きく動き始めました。

当日「直に」村長、校長、担任教師が北部幹部と面会します。同盟休校の理由を聴取して説得に努めます。三日、四日の同盟休校ではなかった反応です。低学年まで参加したことが問題なのか、参加人数が増えたことが問題なのかはわかりませんが、大事件として認識されたことは間違いありません。もちろん説得は失敗に終わりました。

村と学校側は県に連絡しました。あわてて県の教育課も北部へ出張してきました。そして徹誠に面会し、「厳重なる警告(8)」を出しました。

翌日、村長、北部幹部として徹誠と中西長次郎、全水三重県連委員長新田彦蔵、全水小俣支部から西中六松と長県教育課が県社会課立会いのもと、三宝寺説教所で面会しました。県教育課は「朝熊区差別問題ト児童同盟休校事件トハ自ラ別個ノ問題ナルヲ以テ之ヲ切離シ、可及的速ニ登校セシメラレタシ」と前日に続き警告をします。しかし村長は差別問題について「善処スル」と従来のままの主張を繰り返すだけでした。徹誠たちは「村長ノ言辞ハ我等ヲ欺瞞スル常套語ナリ」[9]として問題解決には至らず、午後七時に五時間の面会を終えました。しかし徹誠たちは繰り返された警告だけは強く意識したようです。

（1）前掲「度会郡四郷村朝熊区政差別事件」
（2）同
（3）同
（4）前掲「225　三重県特高課司法警察官の「意見書」」
（5）前掲「度会郡四郷村朝熊区政差別事件」
（6）同　巻末史料（三）
（7）同
（8）同
（9）同

それぞれの反応

警告を繰り返された徹誠たちは、午後十時から三宝寺説教所で区民総会を開きます。徹誠たちは「いつも区民大会を開いて、そこで決まった方針を、闘争委員や区民が組織的に実行する。

大衆的な行動をとって」（『夢を食い続けた男』）いたのです。

総会では県当局からの警告が伝えられました。そして同盟休校の中止か継続かが議題となりました。総会では「県並村当局殊ニ南部側ノ誠意ハ依然トシテ認メ難シ、仍テ休校ハ目的達成迄継続スベシ」との意見が多数となり、同盟休校継続が決定しました。(1)

村長も動きます。ともかく南部の説得が必要だと考えました。七日、南部区長や他の幹部を集め懇談をしたのです。しかし南部側は従来の主張を少しも譲歩する姿勢を見せませんでした。それどころか「今後社会課長ヨリ召集アルモ絶対之ニ応ゼザル旨村長ヨリ課長ニ伝達アリタシ(2)」と、より強硬方針を表明したのです。今回の事件でも村長はただ板挟みになっただけでした。しかし問題解決のために懸命に努力したことだけは事実です。

県教育課も懸命に動きます。再三の警告は無視されたのですが、「純真ナル児童ヲ如斯紛糾ノ渦中ニ捲込ムハ、理由ノ如何ヲ問ハズ遺憾ナリ(3)」としてあきらめませんでした。八日、北部幹部を集めます。今度は警告という「脅し」をするためではありませんでした。

県教育課は、「朝熊区政差別問題ノ解決手段トシテ同盟休校ノ挙ニ出デタルハ甚ダ遺憾ニテ今後本事件解決ニ際リ交換条件トサルル虞アルヲ以テ差別問題ト切離シ明日ヨリ児童ヲ登校セシメラレタシ」と「懇懇ト諭示説得ニ務メ(4)」ました。前回までの「警告」一辺倒ではなかったのです。

もちろん「純真ナル児童」云々の理屈については、百パーセント信じることはできなかったでしょう。しかし、同盟休校を不問に付すことを条件に差別問題解決の条件が不利になる可能性は考えられることでした。また区民総会では同盟休校継続は「意見多数」で承認されています。つまり、少数の反対者もいたということです。この反対意見も考慮されたかもしれません。結局、翌九日から児童生徒は全員登校することになりました。

（1）前掲「度会郡四郷村朝熊区政差別事件」
（2）同
（3）同
（4）同

事件の結果

三重県社会課は、この同盟休校事件を問題視しました。この後、全水三重県連の新田彦藏・遠藤陽之助を再三県庁に呼んでいます(1)。解決案作成の下準備の為でした。同盟休校はある程度の成果を挙げたといえるでしょう。

村長は南部側の姿勢が一番の問題であると認識していたようです。また、社会課も全水三重県連との相談を続けるなど、北部側の意見をそれなりに尊重していたことは間違いありません。限界があるかもしれませんが、事の本質に迫りつつありました。

しかし警察はこれらの努力があっても解決には懐疑的でした。それだけではありません。問題の原因認識も「両成敗」的な認識を持っていました。警察は「北部ノ偏見的観念并階級意識ト、南部ノ封建的因襲ニ禍サレ一歩モ前進セズ」というものでした。いや「両成敗」では納めませんでした。差別問題解決ヲ妨げる「一大癌」は北部にあるとしたのです。

警察の主張する「一大癌」とは何か。「北部側ニ潜在スル全水支部拡大強化」の野心。北部の行動は差別解消ではなく、組織拡大を目的としたものと判断したのです。

そしてもう一つは、「植木徹之助ノ現職（住職）確保ノ野心」。

このような分析によって「所轄宇治山田警察署特高主任ヲシテ厳重ナル警告ヲ発スルト共ニ、厳重ナル警戒(2)」が始められました。警戒対象の筆頭は、徹誠ということです。

同盟休校は、県・村の活動を活発化させましたが、南部には影響を与えることなく、警察の弾圧姿勢をもたらしてしまいました。

（1）前掲「度会郡四郷村朝熊区政差別事件」
（2）同

高揚する運動と進展しない現実

同盟休校を中止させた三重県は、差別解決のための行動を起こします。七月一三日には、南部側に妥協の要望を伝えました。しかし南部は「婉曲に拒否」し、「妥協するの意嚮は片鱗だに見受けられざる状況」だったのです。[1] 行政としては努力したのですが、お手上げの状態でした。

一方、同盟休校作戦をあきらめた徹誠らは、七月一六日に次の行動を検討する会議を水平社三重県連事務所で開きました。全国水平社常任中央委員を迎えての特別対策委員会です。ここで、

> 此の際七班より成る遊説隊を編成し縣下全般に亘り演説會、座談會を開催して事件の眞相を發表し以て輿論を喚（ママ）起すると共に鬪争基金の募集を爲し、尚會合の状況によりては途中區民大會に變更して決議文を可決し關係當局に送付[2]

することが決議されました。

そして決議に従い七月一七日から八月一二日まで、三重県下三三カ所で演説会・座談会を開催しました。参加者は延べ一一四九名。「相當感動を與へたる模様」[3]で、合計八一円七一銭の寄付を得ました。朝熊支援決議文の発表もあり、運動は最高潮に達しました。

もちろんこのような三重県全体への働きかけだけでなく、地元での活動も活発でした。関係者の態度緩和のためには「訪問戦術」しかないとして、八月一〇日以後、南部側幹部四名の訪問、四郷村朝熊区以外の村会議員八名に解決斡旋を要望するための訪問をしていました。しかし、「南部側は一歩も妥協的態度を表示せず、他字選出村議は孰れも善處するとの抽象的回答を為すのみ(4)」だったのです。

南部側は、同盟休校の最中に北部側の要求拒否と社会課長の召集にも応じないことを村長に言明していました。そしてその通りの態度を維持したままでした。村長らの行動も行きづまり、とうとう「回避的態度(5)」を取るようになっていったのです。

運動としては最高潮に達していました。しかし問題解決への道は、まったく見えてくることはありませんでした。そこに日中戦争勃発という現実までが突きつけられてくるのです。

(1)『特高外事月報　昭和十二年八月分』一九三七（昭和十二）年九月二〇日
(2) 同
(3) 同
(4) 同
(5) 同

第三章　日中全面戦争勃発

日中戦争と「戦争支持熱」

一九三七（昭和一二）年七月七日、中国北京郊外で日本軍と中国軍が衝突します。これを盧溝橋事件といいます。これは「小競り合い」程度の衝突で、現地で停戦協定が話し合われていました。ところが日本はこの話し合いの最中、日本軍部隊の増派を声明。同時に戦争遂行のための「国論一致」への協力を要請しました。そして政府はこの戦争を「北支事変」（九月二日、「支那事変」と改称）と名付けました。一一日のことです。

すでに一九三一（昭和六）年九月一八日から、日本は「満洲事変」という戦争を戦っていました。ただ戦闘は小康状態にあったのです。それが全面戦争化していったのです。
徹誠の所属する真宗大谷派は、戦争拡大とともに、なお一層の戦争協力を始めます。翌日八日、すぐに従軍僧侶を派遣。一七日、僧侶門徒に戦争協力を指示します。戦争に協力し、戦争支持熱をあおる役割を率先していました。[1]

真宗大谷派の戦争協力の歴史は、この時に始まったのではありません。一八八三（明治一六）年四月一日以降、お釈迦さまは「不殺生」を教えるが、実は「一殺多生」として戦争することを許している、と教え始めたのです。[2] 戦争が始まったから戦争協力をしたのではありません。戦争ではない時代、日清戦争以前から大谷派は戦争肯定をしていました。国家に忠実な組織である、という「名声」を得ていたのでした。

そして日清・日露・第一次世界大戦・「満洲事変」により、占領地・植民地が拡大すると大谷派の勢力範囲も拡大します。戦争により獲得した新たな領土に寺院を多数建設したのです。戦争勝利は、大谷派に「富」をもたらしていました。日中戦争の勃発も、大谷派に「富と名声」をもたらすものになるはずでした。大谷派の積極性が、よく理解できます。

先述の「真身会」武内了温の戦争協力活動も積極的でした。一九三九（昭和一四）年九月二日、武内は、「中央融和事業連盟」代表とともに「満洲開拓地」視察に出発します。武内は「われ等は、一般國策に準じて移民奨勵の事に従事するとともに、われらの立場としては、國民融和の目的自覺を明らかに加味してゐる」[3]と報告しています。

つまり、部落差別を生活の場で解決するのではなく、部落人々に生活の場を放棄させ、「満洲国」に移住させることで「解決」しようと計画していたことがわかります。これが大谷派の差別問題への取り組みでした。差別を肯定していたのです。

同時にこの方法は、被差別部落の人々を中国侵略の実行者にしてしまうことになります。大谷派の侵略肯定の姿勢がよく表れています。

このように、武内の業務は、差別肯定・侵略肯定が合わさったものになっていきました。

しかし徹誠たちは社会の戦争支持に対し、強く反対していったのです。「人々のため」の差別問題は、「人々のため」の反戦も呼び起こしていくのです。

（1）『真宗』大谷派宗務所社会課、一九三八（昭和一三）一月五日。他にも多数ある。

（2）『開導新聞』開導社、一八八三（明治一六）年四月一日

（3）武内了温「満洲移民視察行（2）第一信　船中にて」『中外日報』中外日報社　一九三九（昭和一四）年九月一六日

戦争勃発と運動の方向転換

戦争拡大は、朝熊問題にも大きく影響を与えていきます。七月二四日、三重県総務部長・学務部長・社会課長・地方課長・保安課長、そして特高、社会、教育各課員が対策を協議しました。それまで県は、関係当局と連絡して「適切なる解決案の作成に努力」していました。しかし一面では「支那事變の擴大により特に國論の統一を必要とする今日に於て徒に同胞間の紛擾を繼續するは寔に遺憾」とも考えていたのです。そこで新たな体制づくりを考えたということです。

結果は社会課・地方課・特高課が一体となり「解決に邁進する」[1]ことになりました。そして社会課係員一名を四郷村に派遣。三一日には特高課係員が、四郷村だけではなく南部側幹部、村会議員らを訪問し、打開工作に当たりました。特高がただ北部を弾圧するのではなく、解決に向かって努力をしていたことは注目すべき事実だと思います。

しかしこれら県の活動も、決してうまくいくことはありませんでした。

（1）前掲『特高外事月報　昭和十二年八月分』

北部の動揺

県や村はそれなりに問題解決に動きました。もちろん北部の活動も大きく広がっていきました。しかしそれでも南部は動きません。いや、むしろますます硬化していきました。「昭和五年協定」がその強力な根拠となっていました。

当初北部は一致団結、「全水幹部の言を絶對信頼し勝利的解決を期待」していました。しかし問題解決が進捗せす、集まった闘争資金を消費するにつれ動揺が広がっていきました。そして「幹部の態度に疑惑の念を抱き漸次幹部より離間せんとするの氣運醸成しつつあり(1)」という状態に陥っていました。同盟休校継続では、全員一致の賛成ではありませんでした。意見の違いが少しずつ広がっていきました。

そして特高警察は、「指導者朝熊説教所住職植木徹之助等は往時の信用を挽回せんと躍起となり、前述の如く同盟休校等の手段を講じて縣村黨局の積極的解決工作乗出しの牽制に務めたるも、所期の効果を齎さゞる爲焦燥の極みに達し(2)」ている、と見ていたのです。

（1）前掲『特高外事月報　昭和十二年八月分』
（2）同

焦燥する徹誠

焦る徹誠は、県当局に「可及的解決に努力方を陳情(1)」し続けます。しかし南部の態度は強硬のままでした。解決のめどは全く立ちません。徹誠の焦燥は、家族への暴力に向かったようです。

徹誠の娘真澄の証言があります。時期は不明なのですが、徹誠が母いさほの髪をつかんで、本堂内をひきずっていたというのです（『夢を食い続けた男』）。これはこの時期の思い出ではないでしょうか。

また、はっきり朝熊時代とわかる話も残っています。息子等の思い出です。自転車を買ってもらった日のことでした。

自転車をよいしょよいしょと寺の石段の上まで運び上げた。

「どうだ。ちゃんと乗れるようになったか」石段を上ったところで、おやじにたずねられた。

「まだ三角乗りしかできない」

そう答えるとおやじは私を怒鳴った。

「一日かかって練習して、たったそれだけしかできないのか。この情けない奴は」

そういって、自転車もろとも、私を石段の上から突き落とした。

他にもあります。徹誠にバリカンで髪を刈ってもらっていた時の記憶です。

このバリカンがひどいもので、錆びついている。ちょっと油をさすとか、研ぎ屋に出すとかしてくれればいいのだが、おやじ、そんなことは毛頭考えていない。

「痛てーっ」

その日も、私は悲鳴をあげた。普通なら、「おっ、痛かったか。よしよし」とかなんとか言って、今度はバリカンの歯が毛髪を噛まないように気をつけてくれるところなのに、おやじはバリカンで私の頭をガツンと殴った。

「男のくせに、痛いなんて言うな」

その叱り方がまた、邪険だった。

（同書）

運動の停滞による焦燥、明治生まれの男だったこと、戦中という時代。複数の条件が重なり、徹誠を暴力に向わせたようです。徹誠は社会的には「革新」だったのですが、家庭では「反動」となっていました。「夫」「父親」ではなく、「家長」だったのです。

（1）「二二七　朝熊区政差別札弾闘争の状況(2)」前掲『朝熊町歴史資料集・近代編』

継続する方法、新規の方法

先述したように、一年ほど前からの準備を経て社会大衆党支部が結成されました。同様に一年前、徹誠らは遠藤から全国農民組合朝熊支部の結成を提案されていました。その準備がはかどらなかった理由はわかりませんが、ようやく実現の運びとなりました。

十一月十七日か十八日のこと。遠藤の呼びかけで、三宝寺説教所に朝熊区の農民十数名が集まります。少人数なのは、北部の人々のほとんどが「山稼ぎ」であり、農業を生業とする人が非常に少なかったということです。

遠藤は「地主、小作人ノ階級性ヲ説明シ、農民ノ団結ニヨル闘争」を強調しました。そして念願の農民組合支部を結成したのです。山本粂次郎が支部長。中西長次郎が書記。そして徹誠は顧問となりました[1]。この支部結成により、理屈としては朝熊の農民は全国の農民と仲間になったということになります。北部の人は多数の仲間を得たことになります。

そして朝熊闘争は新たな方法をとることになりました。農民組合の結成は、農民としての権利要求をするためでもあったのではないでしょうか。当時、農民の大多数は小作でした。地主の土地を耕作していたのです。そこでは小作料・土地使用等に関し、様々なトラブルが発生していました。その解決の為、行政には小作官が配置され、調停や裁判に関する助言などを担当していたのです。

十月二一日、遠藤陽之助と中西長次郎は県庁を訪問します。ここで鎌田小作官と面会しました。土地問題に限定して問題に対応しようというのです。全面戦争が勃発したことから、政治的差別（区制問題）を一旦棚上げしようということになります。まず生活問題の解決を計ったのです。遠藤らは小作調停を依頼する書類を携えていました。鎌田小作官は、「地方裁判所ニ調停申請ヲ出シテハ如何、裁判所ニテ之ヲ受ケ付ケレバ積極的尽力ヲ為サン」[2]と助言をしました。問題の大きさから、小作官調停では不可能と考えていたのでしょう。より強い権限のある裁判を提案したのです。

遠藤らは北部代表者らと協議し、十一月十五日に百二十一名を申立人。朝熊南区住民代表として川口虎吉朝熊区長と土地の名義人である朝熊信用購買販売組合の組合長小川長四郎を訴えました。山の百五十四町歩、宅地の四百八坪五杓、田の二十五歩を《（ママ）》「従前通り使用利益セシメヨ」という要求です。申立書は二十二日、安濃津裁判所に正式に受理されました。[3]

裁判所の受理は、北部の人々に期待を抱かせました。土地使用の問題が解決に向かえば、「他の問題も自然解決に至るべき」と思っていたようです。しかしここでも南部は昭和五年の協定書を理由とし、「強硬な態度」を示したままでした。

よって、特高警察は「未だ解決の緒に就かず」と判断し、「推移注意中」という態度になりました。(4)

(1) 前掲(「225 三重県特高課司法警察官の「意見書」」)

(2) 同

(3) 前掲「度会郡四郷村朝熊区政差別事件」

(4) 同

反戦意識の共有

一九三六(昭和一一)年から、徹誠は反軍・反戦の思想も強めていきました。それを表に出したのは、先述の選挙応援の時でした。

反軍・反戦は徹誠だけの考えではありません。朝熊問題を闘う仲間とともに成長していったのです。ここで徹誠が聞いた仲間の反戦言動を見てみましょう。いずれも一九三七(昭和一二)年七月七日、戦争が日中戦争に拡大した後の言動です。

まず新田彦蔵の史料です。新田は日中戦争勃発直後、徹誠ら数名に語りました。

1　支那事變進展に伴ひ軍部資本家を中心とするファッショ傾向はますます強くなり、農民の子弟は澤山戰爭に行くし、物價は騰るし、其の上言論集會等の取締迄嚴重になつて行く。斯ふ云ふファッショには反対だ。

まず、戦争が貧しい人々へ悪影響を与えることを分析し説明します。続いて、

2　日本の軍部の考へでは、最初はこの様な大きな戰爭にはせず、白崇禧や韓復渠等を買収しやうとしたがはねられたで、こんなに大きくなつたのだ。參謀本部も作戰を謬つたらしい

と軍事的な話をします。ただこれは噂話の域を出ないものでした。そして最後に、

3　今度の爭で遺族に対し五千圓やると云つて居るが戰死者が何萬人もあると非常な額になる、そんな金は出さぬだらう、そんな話は當になるものか、云々(1)

と述べました。これも噂話の域を出ない発言です。しかし誰もが知っている噂話をもとにした話は、当時の人々にはわかりやすいものだったと思います。そして発言の根底には、確実に庶

民の苦しみへの危機感があるのです。
遠藤陽之助も同様です。遠藤は日中戦争を「帝国主義侵略戦争」と断じます。

1. 今後の事變も満洲上海事變と同様資本家地主の儲ける爲の戰爭であつて農民や勞働者層は其の犠牲に供されて居るのである。
2. 政府は僅かばかりの金を遺族に與え慰め諦めさせて居る。
3. 戰爭の原因も支那ばかり悪いのではない。日本も勝手な理屈をつけて居るのだ、第一此の戰爭に勝つても貧乏人には餘り關係のないことだ云々(2)

次は徹誠の反戦言動で最も有名な言葉を見てみましょう。

戦争というものは集団殺人だ。それに加担させられることになったわけだから、なるべく戦地では弾のこないような所を選ぶように。周りから、あの野郎は卑怯だとかなんだとかいわれたって、絶対、死んじゃだめだぞ。必ず生きて帰ってこい。死んじゃっちゃあ、年をとったおやじやおふくろはどうなる。それからなるべく相手も殺すな。

(『夢を食い続けた男』)

等によれば、これは出征する若者に対して語った言葉だということです。「死ぬな」ということを第一に語っています。戦争そのものの分析や反対より、日本青年の命を第一に考え語っています。新田や遠藤とは、発言した場面が違うからでしょう。

新田も遠藤も徹誠も、目の前の庶民の苦しみを第一に発言していたのです。徹誠らは、互いに反戦を語り合い、互いに影響しあっていったのでしょう。警察は、北部の差別闘争委員会や区民総会での徹誠らの発言をまとめて報告をしています。

（1）名古屋では戰死者が澤山あるので反戰気分が濃厚だ。云々

（2）戰争で取つた所は資本家のみの利益とせず一般國民の利益としなければならぬ、満洲を取つても利益を得たのは資本家のみだ。

（3）今度の戰争で將校が澤山死ぬのは將校が進め〳〵と云つても兵卒が進まない爲止むなく將校が先に立つからだ。云々

（4）日本は今度の戰争で領土的野心がないと何度も聲明して居るが、そんな苦しい事を云はずどうせ支那を取る爲の戰争をして居るのだから赤裸々に支那を取る爲の侵略戰争だと云つた方がよいではないか。云々

（5）戦争が長引くと國民は負担が段々重くなり段々生活が苦しく成つて來る、そしてファッショ政治が益〻ひどくなる、然し其の中にファッショも内部的對立が起きて崩壊する時が來る、その時こそ吾々無産階級が立ち上つて闘ふ時だ。云々

（6）上海方面の進まんのは支那軍が強いからである、之は現在の支那は軍閥の支那ではなく支那國民の支那となつて来たからである。又背後には中國共産党の強い力があるからだ。云々

（7）新聞で見ると戦死者の遺家族には五、六千圓やると書いてゐるがせい〴〵百二、三十圓位で余程運のよいものでも五百圓位のものだ、軍部はうまいことを云つて誤魔化して國民を使ふ。(3)

この記録は、朝熊北部での反戦言動をまとめたものです。運動監視中の警察が聞き取ったもので、事実として信用できるものと思います。

（1）『特高外事月報　昭和十三年五月分』内務省警保局、一九三八（昭和一三）年六月二十日
（2）『特高外事月報　昭和十三年二月分』内務省警保局、一九三八（昭和一三）年三月二十日
（3）『特高外事月報　昭和十三年六月分』内務省警保局、一九三八（昭和一三）年七月二十日

徹誠の反戦言動その①「造言飛語」

三重県特高課の記録した徹誠の反戦言動は、全部で二十二項目あります。これは五つに分類できると考えています。そこからまず「造言飛語」（根拠の乏しい噂話）と評価するものを見ていきましょう。なお、史料冒頭の番号は特高警察のつけたものです。分類のため編集しましたが、元々の番号も残しておきます。（　）内は資料集が補足したものです。

①上海ノ敵前上陸デ沢山ヤラレタノハ、夏ノ昼間暑イ最中ニ聯隊カラ築港（名古屋）迄歩カセタ上、ビールヤ酒ヤ御馳走を鱈腹喰ッタ。ソレヲ船ニ乗セテヤツタ為ニ、船ニ暈フテヘトヘトニ為ッテヰタノヲ揚ゲタ為ニヤラレタノヤガ、無茶ナコトヲスル。

②名古屋デハ沢山戦死者ガアルノデ、反戦気分ガ濃厚ヤシ、近衛サンモ斯ンナコトデハ困ルトカ、云ッテ居ラレタソウヤ。

④今度ノ戦争デ、將校ガヨウケ（沢山）戦死スルガ、ソレハ此頃ハ將校ガ進メ進メトヤツテモ兵卒ガ進マンノデ、將校ガ身ヲ以テ先ニ立ツ為ニ戦死者ガ多イ。

⑧九州ノ果ノ或島へ、北支カラ上海へ廻ル兵隊ガ寄ッテ行ッタ。又、九州ノ或島カラ兵隊ヲ沢山載セタ船ガ暗夜ニ出テ、余程遠クヘ行ッタト思ッタノニ、又元居タ島ニ居ッタゲナ。

⑨古市ノ鉱力屋ガ兵隊ニ関係ガ無イノニ三三聯隊ニ召集サレタ。ソレカラ目隠シサレテ汽車ヤ自

動車ニ載セラレテ行ッテ降サレタ。ソコハ何処カ解ラヌガ飛行機ガ沢山アッテ、ソレニ日ノ丸ヲ書イタ。ソレカラ又目隠シサレテ帰ッテ来テ、目隠ヲ取ッタラ元ノ三三連隊デアッテ、召集解除トナッテ帰ッテ来タソウダ。

⑯将校ト云フ者ハ星ノ見方等ト云フ様ナコトハ知ランモンヤ。大湊ノ為サント云フ船頭サンガ日露戦争ニ行ッタ時ニ将校ガ暗夜ノ時、攻撃ト云ッテ命令ヲ下シタラ、ソレハ敵ノ居ラナイ方ヘ走ッテ行ク様ニナリ、退却ト云フ命令ヲ下シタラ、ソレハ敵ノ方ヘ走ッテ行ク様ニナッテヰタノデ、為サンガ星ヲ見テ夫ハ違フ此ノ方角ヤト云フテ、沢山兵隊ヲ殺サズニ済ンデ救ッタソウヤ。(1)

一読すればわかることですが、本当かウソかわからない話が並んでいます。陸軍刑法第九十九条「造言飛語罪」に該当するものです。しかしみんなが知っている噂話を利用しての反戦言動は、より広がりやすかったとも考えられます。意図的に噂話を利用したのかもしれません。ただしここにも事実は含まれています。上海の敵前上陸で、名古屋の部隊が大損害をうけたことです。

一九三七（昭和一二）年八月九日、上海で日中両軍の戦闘開始。十三日、閣議は上海へ陸軍部隊派遣を決定します。この時名古屋の部隊が出動し、上海呉淞の敵前上陸戦で大変な損害を受けました。当時このことは報道されませんでした。しかしすぐ近くの名古屋の部隊のことです。三重県にも噂は広がっていたのでしょう。「造言飛語」としても、大切な情報が含まれていたと言えます。

（1）前掲「225　三重県特高課司法警察官の「意見書」」。中西長次郎・山本粂次郎・山本平重の反戦言動は巻末史料（四）

徹誠の反戦言動その②　戦闘分析

徹誠は、戦争支持熱を煽る新聞報道も冷静に読んでいたようです。「戦場美談」と呼べる報道にも冷静でした。

⑤石井部隊長ノ所へ慰問袋ガ届イタ。ソシタラ慰問袋ドコロカ、弾丸ヲ送レト石井部隊長ガ云ッタト云フ新聞記事ガアルガ、之ハ吾軍ハ弾丸ガ尠ナクナッテ苦戦シテヰルノヤ。

戦場の軍人に慰問袋が届いた。それに対し軍人は娯楽となる慰問袋より弾丸を送れと言ってきた。新聞は、勇敢なる攻撃精神旺盛な軍人、と報道したつもりでしょう。読み手も感激して読んだものでしょう。しかし徹誠は「美談」としてではなく、弾丸不足と分析したのでした。

報道はされていませんが、上海の激戦で弾薬を大量に消費し、備蓄の弾薬まで不足したのは事実でした。新聞記事を素直に読まないのは、大切な事実を知るための方法だと思います。そして徹誠にはその能力もありました。

他にも戦争を冷静に分析して発言したものがあります。次は戦場の状況分析です。

⑥新聞ノ報道デハ支那軍ガ弱イ様ニ云フテ、日本軍ハ連戦連勝ト云ッテヰルガ、ソンナ事バカリデ無イヤロ。支那軍ハ年中戦争シテ居リ戦争ニハ馴レテヰルノダカラ日本軍モ進ンダリ退却シタリスル事ガアルダラウ。

⑩今度ノ戦争ハ、日本ハ小サイカラ不利ヤ。支那ハ大キイカラ、長期ニワタレバ日本ハ損ヤ。奥地ニ行ケバ行ク程、弾丸ヤ兵ノ輸送ニ骨ガ折レルカラ損ヤデ。日本ハ早クドンドンヤラント損ヤシ危険ヤ。

⑭支那モ仲々《(ママ)》強イ。之デハ新聞ヤラヂオデ発表シテ居ルヨリモ犠牲者ガ多イダラウ。

㉑今度ノ戦争モ、日本デハ支那ガ悪イト云フガ、支那カラ云ハスト日本ガ悪イト云フテ居ル。戦争トイフモノハソンナモノヤロ。

現在の歴史知識から見れば、当たり前の分析だと思います。しかし戦争支持一色の報道、社会の中でこれだけの判断ができたことに驚きます。これらの判断を可能にしたのは、中国を弱小視していないこと。そして日本の言い分と中国の言い分を同列にして判断していることです。民族的偏見、差別を持っていなかったことによる分析でしょう。そして、

⑪支那ニハ日本モロシアモ英国モ利権ガアルカラ、コンナ状態デハ、仕舞ニハ支那ヲ三国ガ分取リニスルノデハナイダラウカ。[1]

と中国を心配する発言までしています。差別を否定する徹誠ならではの発言と思います。

（1）前掲「225　三重県特高課司法警察官の「意見書」」

徹誠の反戦言動その③　国内問題として

もちろん徹誠の反戦言動は、貧しい日本の人々の存在も忘れていません。これまでの戦争「満洲事変」についての発言です。

③戦争ハ正義ノ為ノ戦争デナケレバナラヌ。戦争デ取ッタ所ヲ資本家ノミノ利益トセズニ、国民一般ノ利益トナル様ニセネバナラヌ。例ヘバ満州ヲ取ッテモ、満州デ大事業ヲ起コシ得ルノハ大資本家ダカラ、大資本家カラドッサリ税金ヲ取ラナイカン。

戦争で儲けるものへの批判です。「正義ノ為ノ戦争」の実態は、資本家が金を儲けるだけだった、という批判です。そして逆に兵士となる労働者の生活を心配します。

⑫出征シタ兵隊ヲ使ッテ居タ工場等ハ、其ノ補充ヲ雇入レテヰル。其処ヘ其兵隊ガ帰ッテ来タラ、其ノ補充シタ労働者ヲソウ簡単ニ首ヲ切ル訳ニモ行カンカラ、労働争議ガ起ルダラウ。

当時労働者が兵隊になった場合、雇用は保証されたままでした。だから兵隊が帰国すると労働者があふれてしまうという指摘です。

そして少し甘い近未来像もありました。

⑬今ノ時代ハファッショ政治デ、吾々民衆ノ要望ト云フ様ナモノハ少シモ容レラレナイ。集会等モ禁止シテ居ル。然シ、其ノ中ニファッショ内部的対立ガ起キテ崩壊スル時ガ来ルカラ、長続キ

センダラウ。其崩壊ガ来ル時コソハ、吾々踏躙《ママ》ラレテキタ無産階級ガ立上ッテ大キナ勢力トナリ、混乱状態ニ陥ッテ来ル。

「ファッショ内部的対立」ではありませんが、ドイツやイタリアには反独裁の動きがありました。日本には内部に対立はありましたが、その崩壊は敗戦という外的な圧力からのものでした。

ただ徹誠は、無産階級の運動に期待をしていたのでしょう。だから国民に対し、貧乏人に対し訴えます。

⑲戦争ガ長引クト国民ハ負担ガ段々重クナリ、段々生活ガ苦シクナツテ来ル。戦争ガ長期ニナリ、ファッショ政治ガ益々ヒドクナル。

⑳戦争ニハ勝テ勝テト云フガ、勝ッテモ吾々貧乏人ニハ利益ガナイ。戦争ハ無産階級ガ犠牲トナルダケヤ。早ク止メテ欲シイ。[1]

（1）前掲「225　三重県特高課司法警察官の「意見書」」

徹誠の反戦言動その④　侵略

徹誠も時代の子です。「正義ノ戦争」という発言をしています。ただ何が「正義ノ戦争」なのかは語っていません。しかしどう見ても日中戦争を「正義ノ戦争」とは認めていないのです。「領土的野心」からの戦争だと明言しています。

⑦日本ハ今度ノ戦争デ領土的野心ガナイト何辺モ声明シテキルガ、ソンナ苦シイ事ヲ云ハズニ、ドウセ支那ヲ取ル為ニ戦争ヲシトルノヤデ、赤裸々ニ取ルト云ッタ方ガ、第三国ノ誤解ヲ招カンデ良イヤナイカ、ドウセ取ル為ノ戦争ヤナイカ。

というのです。そして日中戦争を

⑰日本ハ東洋平和ノ為ノ戦争デ、領土的野心ハ無イト云フテ居ルガ、帝国主義侵略デアルコトハ間違ヒナイ。(1)

と侵略戦争であると断じました。「正義」ではありません。侵略と。徹誠は、戦争を一般的な

「戦争」と認識したのではありません。科学的に「侵略」と分析していたのです。

（1）前掲「225　三重県特高課司法警察官の「意見書」」

徹誠の反戦言動その⑤　真宗僧侶として

徹誠は僧侶でした。大谷派という組織に属した僧侶であるだけでなく、浄土真宗という教えに属した僧侶でした。運動を同じくした仲間たちとは、少し違った立場も堅持していました。

まず徹誠は人間の平等、いのちの平等を訴えます。

⑮人間ハ世界中皆同ジ関係ニアルノヤデ、戦争ヲシテ殺シ合ヒスルト云フ様ナコトハ馬鹿ナコトデ、本当ニ人ガ人ヲ殺スト云フ様ナ事ハムゴタラシイ事ヤ。

そして、

⑱戦争トイフモノハ、人生ノ最悪ナコトダカラ、宗教的ニ考ヘテモ避ケネバナラヌ。

と訴えます。そして本来は「仲間」であるはずの宗教者たちに向け、

㉒宗教家ガ戦争ヲ弁護スルノハ矛盾シテヰル。宗教家ガ戦争ヲ弁護スルトハ恐入ッタ。元来宗教家ハ戦争ニ反対スベキモノデアル。

と語るのです。

これは大変厳しい批判です。徹誠は宗教者が「戦争ヲ弁護スル」ことをけしからん、と言っているだけではないのです。宗教者は「戦争ニ反対スベキモノ」と言っているのです。当時ではなく、今でもこのような見解を持つ宗教者はいるのでしょうか。このような主張を実践する宗教者はいるのでしょうか。徹誠は、いのちは「不殺」であるべきであり、いのちは「平等」である、という浄土真宗の教えを語ったのです。

まとめます。徹誠の反戦言動の特徴は、「1　誰もが知る噂話を利用する」。「2　戦場や戦闘の状況を自分なりに分析する」。「3　生活を不安を指摘し、戦争で得する者と損する者の存在を指摘する」。「4　一般論としての「戦争」ではなく、日中戦争を「侵略」と評価する」。「5　浄土真宗僧侶として「不殺」と「平等」を自覚する」、に分けられます。

ここで一つ注意をしなければなりません。徹誠たちは反戦言動をして、ただちに逮捕され

たのではないことです。少なくとも一九三七（昭和十二）年七月七日までは、反戦言動は合法だったのです。「できる、できない」の問題ではなく、「する、しない」の問題だったととらえるべきでしょう。

現在、「戦争反対はできなかった」という言い訳が繰り返されています。徹誠の事実は、このような言い訳を否定するものでもあるのです。

（1）前掲「225　三重県特高課司法警察官の「意見書」」

第四章　弾圧と朝熊からの退去

全国的な弾圧

合法政党である社会大衆党支部結成に向けて、徹誠の活動は続いていました。一〇月一日、社会大衆党三重県支部連合会組織委員会総会が開催され、徹誠も参加しています。

ところがここにも戦争拡大の影響が出てきます。六月九日の準備委員会では、八月上旬に支部連合会の創立大会を開催することが決定されていました。しかし「今回の事変の為取り止める(1)」ことになったのです。社会大衆党は、日中戦争勃発直後に戦争協力を明言していました。

腑に落ちない点があります。頑固な徹誠。このような社会大衆党の弱腰に不満を抱かなかったのでしょうか。激怒しても不思議ではないと思うのですが。これは想像ですが、大目標のため不満を封じ込めたのではないでしょうか。徹誠は脱退することなく、「山田度会」の役員を中西とともに受けています[2]。

支部結成準備会会合は、一一月二〇日、一二月四日に開かれました。ここでは「電灯料値下期成同盟会」の組織化と演説会の開催が取り決められました[3]。差別問題第一、ではなく貧しい人々全体の生活防衛のための方針でした。

一二月四日、「電灯料値下期成同盟会」を宇治山田で開催します[4]。これは出征軍人家庭の電灯料減免運動を始めることを決定したものです。軍隊に働き手を召集され、生活苦に陥っている家庭の救済を求める活動でした。朝熊の問題を調停裁判に持ち込んだため、より広い範囲での活動にも精力を注ぎ続けることになりました。

ところが一五日、全国的に大規模な弾圧が実施されました。人民戦線事件といいます。これはコミンテルン（世界中の共産党の統一組織）の指導で、日本の共産主義者が統一して活動することを計画した、という事件です。日本共産党は、すでに一九三五（昭和一〇）年三月四日に中央委員会が壊滅しています。共産主義者を大規模に統一して活動するなどあり得ないことでした。つまり、共産主義者でない者を共産主義者として弾圧したという事件です。なかには共産党と対立してきた者まで逮捕されています。これは、戦争批判や政府・軍部への批判を封じ込めるための陰謀です。犯罪が作り上げられたのです。合法活動が非合法に変化させられたのです。

（1）前掲「225　三重県特高課司法警察官の「意見書」」
（2）同
（3）同
（4）同

遠藤陽之助の逮捕

人民戦線事件の弾圧は、当然三重県にも波及します。二〇日、まず遠藤陽之助が検挙されました。遠藤の逮捕理由は五つあり、そのうち二つに徹誠が関係しています。

一つ目は、徹誠と中西長次郎を相談して社会大衆党支部結成に動いたこと。二つ目は徹誠・中西長次郎・山本平重とともに全国農民組合「朝倉《（ママ）》支部」を結成したこと。両者の目的は、人民戦線の推進力にするためだと決めつけられました。そして徹誠の名前は記されていませんが、「其他差別問題闘争の應援指導竝之を利用してファッショ排撃及戰爭反對の扇動宣傳に努め支那事變に對し造言飛語を爲す」とあります。[1]「差別問題闘争の應援指導」という場面が記されていることは、これに徹誠が関係していることになります。

遠藤は、人民戦線運動と反戦言動で検挙されました。遠藤の起訴は、検挙から一年後の一九三八（昭和一三）年一二月二四日でした。[2] 恐らく一年間、三重県下各地の警察署を「たらいまわし」されていたのでしょう。

「たらいまわし」とは自由を奪うための方法です。警察署逮捕される。嫌疑不十分などの理由で釈放されると、他の警察署に逮捕される。これを繰り返すことです。いや、嫌疑不十分でなくてもいったん釈放し、再逮捕することもありました。弾圧の一形態として、警察は積極的に「たらいまわし」を行っていたのです。長期拘束は「犯罪者」を精神的にも肉体的にも疲弊させ、自由・平等・反戦などの思想と健康を奪う弾圧だったのです。

（1）前掲『特高月報　昭和十三年十二月分』

（2）同

徹誠の逮捕

一九三八（昭和一三）年一月一八日、遠藤逮捕の一カ月後に徹誠、中西長次郎、山本粂三郎、山本平重が検挙されました。[1] この前夜の様子を等が書いています。

翌十三年一月十七日、おやじたち闘争委員会の面々が三宝寺に集まって、この戦争をどう考え、朝熊闘争をどう展開するかについて議論していた。おやじたち大多数は「この際、闘争を徹底的にやらなければならん」と主張する。ところが、おやじの「闘友」である西中六松は大反対である。

「これは国と国との喧嘩なのだ。そんな時に、こんな小さな部落が南北に分かれ、内輪の喧嘩をしていては世間への聞こえも悪い。どっちみち、こんな事変は半年もたてばおさまるだろう。ここはひとつ、一服しようではないか」

ところが、おやじたちは「何をいうか。こんな時こそ闘争の好機だ」といって譲らない。西中は、かっとなって、「おまえら、勝手にやれ、おれは帰る」と言い捨て、自転車に飛び乗り、帰った。（『夢を食い続けた男』）

これは西中六松の証言をまとめたものです。翌日未明、特高課警部の指揮する検挙隊が徹誠ら朝熊の四名を検挙したのです。

逮捕の事実は報道されます。しかし記事が解禁されたのは、五月三〇日のことでした[2]。事件の影響を考え、警察が記事発表を禁じていたのです。

史料が確認できないのですが、三十日に号外が出されたようです。等はその号外を見てしまいました。

私が四郷小学校上級の春だったと思う。先生に引率されて伊勢神宮に参拝する途中、号外を拾った。思想犯検挙者の顔写真が並んでいた。その中に、おやじの顔写真があった。私は、級友たちが拾い集めて持っている号外を全部ひったくり、捨ててしまいたいような衝動を覚えた。（同書）

植木等が小学校六年生のことでした。

翌日の朝刊にも逮捕されたことが掲載されます。記事の中の「本県首謀者経歴」については、号外と同内容だったのではないかと推測しています。そしてここには妻いさほについても「妻某もこの運動に加わり、夫婦協力して主義の宣伝に努め」た[3]、とあるのです。小学校での差別事件以来、目立ってはいないにせよ、いさほも一緒に活動していたことは事実でしょう。しかしこの報道では、いさほまで逮捕されるべき人間、となってしまうのではないでしょうか。報道は恐ろしいものです。

感想ですが、号外には記載がなかったのか、記憶がないのか。等の回想に母親の記述について出てきていないことにホッとしています。

（1）前掲『特高月報　昭和十三年十二月分』
（2）「222　三重県人民戦線事件の新聞報道」前掲『朝熊町歴史資料集・近代編』
（3）同

徹誠の「犯罪」

徹誠の「犯罪」とは、水平社の活動をしたこと。全国農民組合支部を結成したこと。社会大衆党支部を結成したことです。それぞれの項目で記述していますが、いずれも合法活動でした。そして反戦言動も合法でした。極端に言ってしまえば、当時の法律でも逮捕理由はないのです。しかし、それぞれの合法活動を通じて、共産主義運動を実行した。合法活動を隠れ蓑にしていた、として逮捕されたのです。いつのまにか合法活動が非合法にされていました。活動は問題ないが、徹誠の思想が問題だという理屈です。行為は証明できますが、内面のことは証明できない。だから簡単に犯罪をでっちあげることができるのです。

警察史料には記載されていないのですが、徹誠自身は、

たまたま日華事変が始まる前から、統一戦線などのことばが使われるようになり、新聞にもち

らちらとその記事が載った。檀家の者がそれを持ってきて、本堂で話のタネにした。それが、それだけで特高にひっかけられ、寺の本堂で人民戦線結成の協議をした、とデッチあげられてしまったのです。(1)

と回想しています。警察は、朝熊の活動をつぶすため、人民戦線事件を利用していたのです。結果、徹誠は人民戦線事件で治安維持法違反。反戦言動で陸軍刑法第九九条違反、つまり造言飛語罪で逮捕されたのです。

ただし、検挙日時について二つの史料が存在しています。山本条次郎については一八日のみが記録されているのですが、中西長次郎については一八日と一九日。徹誠については十八日と二六日(2)が存在します。おそらく、警察署へ引っ張られたのが一八日。他の日付は「容疑」がかたまり、逮捕された日と考えています。(3)

(1) 前掲「異色対談　解放闘争の思い出」
(2) 前掲『特高外事月報　昭和十三年一月分』
(3) 前掲『特高月報　昭和十三年十二月分』

徹誠の子どもたち

徹誠の子どもは三人。父親の逮捕で生活は大変苦しくなりました。長男の徹は不良少年。残った家族の生活を支えることはありませんでした。仕事に就くこともなかったようです。説教所の仕事も、ほとんどしていないようです。

そのためいろいろな負担が等にかぶってきました。朝、徹誠に差入のために宇治山田の警察署へ。その後小学校。帰宅後、門徒宅へお経を読みに。そして夜は、宇治山田の大谷派説教所での勉強でした。

等は小学校六年生で、一人前に僧侶の仕事をしなければならなかったのです。

「徹誠さんの御経なら五十銭払ってもいいけれど、等さんの御経では三十銭やなあ」
「おとうさんなら三十銭。等さんなら十銭がいいとこ」

（同書）

こんなことも言われていたようです。

徹誠が三宝寺説教所に赴任する前、ここの僧侶は給料制でした。ということは、お経を読みに行ってもお布施はなかったと考えられます。また地方によっては、毎月亡くなった人の命日にお経をあげに行くという習慣もあるのですが、この時代には伊勢地方にはなかったと考えられます。

想像ですが、逮捕されてからは給料が支払われなかったのかもしれません。徹誠は不在だからです。もちろん、徹誠が給料をもらっていたという史料はありません。逮捕に関係なく、おともと給料がなかったのかもしれません。いずれにせよ、等が父親代わりに仕事をしていたことだけは事実です。

兄弟の大失敗

等はしっかりした子どもだったと思います。しかし子どもは子ども。大失敗もやらかしています。

その頃、兄の徹は名古屋の中学校を卒業して朝熊に帰っていた。兄も、お経は覚えていた。

葬式や年忌の時は、たいてい西光寺の叔父の徳雄か、宇治山田の本願寺別院かどこかの役僧が来て、おやじの代理をしてくれた。しかし一、二度だけ徹と私の二人だけで葬式をすませたことがあった。

（同書）

この葬式、大変なことがありました。

春休みか夏休みかで、兄貴が名古屋から帰ってきてる時に葬式があったのね。親父がいないから、仕方なく二人でお経あげるわけ。お経っていうのはね、最後を間違えると、そこで終わらないで、また最初からやり直さなきゃならないポイントがあるのね。で、そこへくると僕が間違えちゃうから、また最初に戻っちゃうの。だから延々と終わらないわけ[1]。

参列の人々は驚き、兄弟は必死。大変失礼ですが、この情景を想像すると笑ってしまいます。緊張の場面での失敗は、笑いを誘発するものです。

少し説明をしたいと思います。まず、浄土真宗のお葬式では、原則としてお経を読みません。宗祖親鸞作の「正信偈」を読みます。等は一般の人にわかりやすいように「お経」と表現したのでしょう。

この「正信偈」、文中によく似た一句が出てきます。ひとつは「天親菩薩造論説」、もう一つが「天親菩薩論註解」です。「テンジンボーサー」までいくと、「アレッ。どっちだったかな」となってしまうのです。「論註解」と続かねばならない時に「造論説」と言ってしまえば、いつまでたっても終わらなくなります。

この失敗は〝浄土真宗あるある〟に属します。いつだったか等の講演を聞いた時、「兄貴は、天親菩薩、の後、黙ってしまうので苦労した。そして間違えると殴られた」とお話しされました。客席では、私以外にも爆笑していた人が何人もいました。経験者は多いようです。

苦しい生活のなか、懸命に仕事をしていた徹と等。そんな中でも子どもらしい失敗がありました。この時代の徹誠一家。たった一つだけ、ほほえましい話を紹介できました。

（1）前掲、戸井十月『植木等伝　わかっちゃいるけど、やめられない！』

いさほの苦闘

懸命に生きた子どもたち。しかし徹は本当の不良青年になっていきました。いさほの負担は増える一方だったのです。

徹誠の逮捕後、一家の収入は激減します。収入は等のもらう布施だけ。「引っ張られとるのはみんな共産党や、あいつらのゆうことを聞いとったら、わしらも巻き添えをくわんならん」（『夢を食い続けた男』）と、お寺へ来るものもいなくなりました。

逮捕と同時に、北部の人々の態度も変わっていきました。自己保身のためでしょう。いさほも、そんな地域社会に迎合しなければなりません。戦争協力のための組織、国防婦人会へも参加し始めたようです。

いつのことかははっきりしていません。いさほ、徹、真澄の家族は、朝熊から追い出されることになりました。無用になったからではありません。北部の人からも「敵」として意識されてしまったのです。徹誠と一緒に逮捕された山本平重が語っています。

そんな地獄みたいな生活のなかでさな、この部落のなかに、「おい、あの寺もう坊主いらんやないか。坊主のうてもええやないか」こんな話が出たんやな。そいで、かわいそうやと言うもんもなかったんやなあ。いや、あったかもわからんけど、少人数やったのやろ。そうや、かえしたろ、帰ってもらお、ゆうことになったんやろ。そしで、あいらの荷物を、小俣（いさほの生家があるところ）へ持っていこうということになったんやろ。

かわいそうやがのう。

そないいわれて、いさほもこまったやろ。女やし、子ども二人もあるし。おらがおったらと思うが、おらはおらんので、なっとも、しようがない。

そいであいつらの荷物を荷車に積んで、小俣へ持っていったというんや。半七っつあんがその荷物を荷車に積んで、その兄貴があとを押して、神宮の参道に徴古館てある。あっこがしげってて涼しいので、すわって一服したて。(1)

これは等が東京へ行った後のことに間違いありません。一九三八（昭和一三）年春、等はは小学校卒業と同時に、東京の真宗大谷派真浄寺へ預けられました。寺の仕事をしながら進学したのです。木陰が涼しい、とありますから、一九三八年の夏頃の出来事かと思います。つづけて北部の状況です。

おやじはこの朝熊のために、監獄へはいっとんのやで。「えらいやないか。出てくるまでかかや子どものめんどうぐらいみように」とゆうもんがなかったのか、あったやろけど、弱かったのやろ。

いなかの人やで、幹部が引っ張られるや、あとへ残ったもんを敵にするのさ。あいつらは共産党やで、あんな区有財産みたいな問題を起こして、騒がしたんで引っ張られた、と。(2)

等によれば、南部にあった駐在所の警官が「反戦主義者の植木をここに置いておくな」と宣伝したこともあったようです（同書）。徹誠の家族を追い出すのに反対したのは「二十名ほど」だったと言います。

山本平重は徹誠に対して、

だから植木はかわいそうやった。植木はそのとき知らんだけど、監獄を出てきて、おいらを恨んどるとおもう。

おらを恨んでくれるんやったらええけど、おらは監獄へおって、ここにおらんのやで救いようはないわさ。(3)

と語ります。仲間に対する平重の気持ちがあふれていると思います。

一九七三(昭和五八)年夏、植木等は朝熊北部を訪問しました。その際、家族が朝熊を追い出されたことの苦しみを語る等に対して、山本平重は、「許してください」と詫びています(同書)。等にとっても山本平重にとっても、絶対に必要な対話だったのでしょう。

(1) 前掲、山本平重「連載・聞き取り水平社運動2 わしは「尊い」とおもうのや 三重・朝熊闘争をささえた心」
(2) 同
(3) 同

つながり

徹誠・いさほの家族は朝熊を追われました。朝熊の生活は二、三年だったのです。この期間にも注目しなければなりません。たかだか二、三年の住人。まだまだ「よそ者」だったのではないでしょうか。

徹誠は乞われて朝熊に移転してきました。最初から北部の幹部だったということです。徹誠の意識や努力があったとしても、どこかに幹部意識があった。または人々たちは仲間というより幹部として意識していたのかもしれません。どこかに、自分たちとは違う、という意識があったのかもしれません。

「人民のなかへ」という言葉があります。北部の人々にとって、徹誠は「人民のなかへ」という人でした。逆にいえば、「人民のなかから」という人ではなかったということです。人々から冷たくされた徹誠の家族。しかしごく少数、つながりを大切にしてくれた人がいます。等の記憶にも、そんな人が刻まれています。

一人は名前を記憶していないそうですが、学校の先生です。先生は、「君のおとうさんは立派な人だ。ただ、今のご時世に合わないのだ。進みすぎているのだ」（『夢を食い続けた男』）と話してくれたそうです。

次は真宗大谷派の僧侶。宇治山田にあった真宗大谷派説教所の管理者です。

説教所とは、寺院の前身といえばいいでしょうか。現在は「説教所」という制度はないのですが、戦前までは「説教所」から「教会」、そして「寺院」へと発展させていく制度がありました。説教所には住職はいません。大谷派本山の直轄となりますから、管理者が赴任していたのです。宇治山田の説教所は後に「山田教会」となり、現在は常照寺（米澤典之住職。伊勢市宮町）となっています。

等の本にはくりかえし「宇治山田の別院」という記述があります（同）。当時も今も、宇治山田には大谷派の別院はありません。本山直轄だったことから、別院だと誤解していたのでしょう。

現常照寺住職に聞いたところ、一九三〇（昭和五）年から四一（昭和一六）年までの説教所の管理者は寺西信一という僧侶でした。寺西は徹誠の理解者だったと思います。

先述した一九三七（昭和一二）年七月四日の社会大衆党宇治山田支部準備会結成大会は、この説教所で開催されました。徹誠の活動に説教所を会場に貸すというのは、理解がなければありえないことだと思います。

また徹誠の逮捕後、こんどは等とのつながりを持ちました。差入、学校、門徒さんへのお参りをすませた等が、お経を習い、数学・国語・歴史・地理も学んでいたのです。等は共産主義者という犯罪者の息子。つながりを拒否しても当たり前だったと思います。徹誠との関係からか同情か、また僧侶同志の仲間意識からなのか。理由はわかりませんが、つながりを大切にする人だったようです。等の真浄寺行きも、寺西の斡旋だったということです（同書）。

もう一人、東京の真浄寺の住職寺田慧眼がいます。慧眼は弟子である等に対し、

君は、縁あってうちに来ることになった。君がお父さんのことをどう思っているが知らんが、君のお父さんは実に立派な人だ。ただ、いまの時代に合わないだけだ。だから君も一所懸命修行して、お父さんのような立派な人になりたまえ（同書）

と言ったということです。数は少ないのですが、等を支える人々は存在していました。

余談ながら、いさほさんは「お父さんのようになれ」とは「一生に一度も言わなかった」そうです（同）。これは納得できる話だと思います。

いさほが宇治山田に居をかまえた頃。等は完全に不良になっていました。家からお金を持ち出すこともしばしばだったようです。このとき、近所に住む警察官が、等が遊ぶ金欲しさに売り払ってしまった内職用のミシンを取り返してくれるなどいろいろ面倒を見てくれたようです。弾圧、ではないお付き合いをしていた警察官もいました。（同書）

前述の山本平重は、徹誠たちと同日に逮捕されました。しかし他の三名より軽い禁錮一二カ

月の判決がおり、一九四〇（昭和一五）年一月一一日に満期出獄となりました。この時の出獄見舞いの史料があります。ここに「植木いさを」の名前があります。「いさを」とありますが、いさほのことであることは間違いないでしょう。ここにもつながりがあったのです。仲間としてのつながりがありました。

ただ、悲しい史料だと思っています。徹誠に関わる史料のなかで、もっとも胸を締め付けられた史料です。「植木いさを」の届けた出獄見舞。それは「うどんのたま二ツ」[1]でした。

（1）「232　山本喜之助の日記帳より」前掲『朝熊町歴史資料集・近代編』

獄中の徹誠

逮捕された徹誠は、たらいまわしにされました。確認できる史料はないのですが、宇治山田署・松阪署・津署・宇治山田署を転々とさせられたようです（『夢を食い続けた男』）。逮捕はされたが起訴されないまま、長期の拘留が続きました。

拘留中、当然拷問も経験しました。徹誠の受けた拷問は、

拷問には、幅の広い腹巻き様の皮が使われた。そのまだなめしていない皮を胸から腹のあたり

に巻き、止め金をガッチャッとはめる。見たところ、皮チョッキを着たようになる。そして、そのままの姿で水風呂につけられるのだ。皮は水を含むと急速に縮むので、キリキリと胸が締めつけられ呼吸困難になって、おやじは気絶した。

道場に連れて行かれて、柔道の稽古相手をさせられたこともある。警官が入れかわり立かわり、おやじを投げる。おやじが鼻血を出して気絶するまで、この稽古という名の拷問が続けられた。(『夢を食い続けた男』)

当時は警察での拷問は当たり前の時代でした。特に治安維持法違反で逮捕されたものには、徹底的に拷問が加えられていました。

また食事もひどいものでした。


おつゆに入っている煮干しを皿の上に取り出し、まず片身を食べる。食べ終わると、今度はひっくり返して残りの片身を食べる。そして頭と骨はそのまま残しておき、就寝前にその骨をしみじみ眺めてから食べる。(同書)

受刑者の食糧事情など、顧みられない時代でした。

また徹誠には、精神的な痛手も受けていました。家族が朝熊から追い出された事実です。後年徹誠は「もういっそのこと、壁へ頭をぶつけて死んじゃおうかなあ、なんて思ったことも、たまにはあったんだ」(同書)と等に語りました。

等が東京へ出発することが決まると、いさほは等を知人宅に待たせ、ひとりで宇治山田の警察署へ出かけます。そして署長に、息子が東京へ行くから父親に別れの挨拶をさせてほしい、と頼みました。面会の部屋での別れは、「おやじは私の方を向いた。特別、表情は変えなかったが、ただ、おやじの目からポロッと涙が落ちた」(同書)ということです。悲しみと安心の涙なのでしょう。

判決

徹誠、中西長次郎、山本粂次郎は警察署でたらいまわしにされ、半年後の六月七日、治安維持法違反・陸軍刑法第九九条違反で送検されます。そして、それより半年後の一二月二四日に起訴されました(1)。

ここまでは特高警察の史料です。まず間違いはないでしょう。しかしこの後がよくわからないのです。一九四一(昭和一六)年の夏、徹誠が出獄したとの知らせがあり、等は帰省します。この出獄理由がわかりません。刑期満了ではないのです。この後一九四二(昭和一七)年八月、徹が出征する時には、徹誠は見送りに来ます（『夢を食い続けた男』）。服役中ですが、これは息子が出征するという特別な事情の外出だったのでしょう。

等によれば、徹誠は「三年以上は囚われの身だった」（同書）としています。しかしこれは矛盾しています。一九三八（昭和一三）年一月一八日検挙。ならば「四年以上は囚われの身」ということになります。残念ながら等の記憶は、少しあいまいなようです。

徹誠自身は、「ぼくは終戦三年前に出ましてね」[2]と語っています。一九四二（昭和一七）年となります。やはり四年の期間になります。

他の史料としては日記の記述が残されています。粂次郎、平重の兄、山本喜之助の日記です。日記の記述は「粂次郎、長次郎、植木、遠藤」についての書き込みです。後に追記されたメモ書きです。ここには、

（警察及ビ未決）
拘禁二年四ヶ月
（未決通算三百日）
懲役二年
以上三名　昭和十八年一月二十日出獄

遠藤二年半[3]

とあります。判決が出るまでが二年四カ月、懲役が二年。計四年以上となります。ただ、出獄が一九四三（昭和一八）年一月二〇日だと、計算が合わなくなります。五年間囚われていたことになるからです。

この日記の記述は、後なってに書き加えられたものです。何か、記憶違いがあるのかもしれません。しかし、拘禁二年四カ月。判決が懲役二年という数字は、信用してもよいと思います。おそらく服役中のことでしょう。ほんの少しだけ、慰めもあったようです。

後で聞いたのだが、植木はさすがに坊主だけあっていうことが違っていた。毎朝、独房の窓近くにくるすずめを、わずかな麦飯をねって餌づけしたり、一匹の小さな蜘蛛にあわれみをかけた話をしていたよ。[4]

少し徹誠の印象には合わないような気がしますが、徹誠をよく知る中西長次郎の証言です。こんな一面もあったのでしょう。いや、さすがの徹誠も獄中では気弱になっていたということなのかもしれません。

有罪判決を受けた徹誠は、真宗大谷派からも罰則が加えられているはずです。真宗大谷派には「黜罰条例(5)」という規則があり、裁判で有罪判決を受けたものは大谷派からも罰せられることになっています。しかし、大谷派からの処分を記録した史料を見つけることはできませんでした。

もし今後、真宗大谷派が徹誠に敬意を持つことがあるとすれば、本山の裁判所（審問院）の史料が公開されることがあるかもしれません。

（1）前掲『特高月報　昭和一三年一二月分』
（2）前掲「異色対談　解放闘争の思い出」
（3）前掲「２３２　山本喜之助の日記帳より」
（4）前掲、山崎智「入会権闘争の歴史を伊勢市朝熊町にさぐる」
（5）一八九九（明治四二）年三月一四日、「黜罰例施行規則」発布。一九三〇（昭和五）年四月一一日、「黜罰条例」発布

朝熊闘争の終焉

徹誠ら北部幹部の逮捕後、警察は「朝熊闘争」を次のように見ていました。

然るに昭和十三年一月所謂人民戰線運動分子の全國的検擧に際して指導分子植木徹之助、遠藤陽之助等主腦分子は本問題を戰術的に利用し居たること判明検擧せられたるを以て、北部指導部の潰滅により問題の發展性を解消せるもの、如く、從つて此の儘自然消滅の推移に陥るものと認められる。(1)

事実は警察の予想通りに推移していきました。史料で確認できないのですが、裁判所での調停も中止となってしまったようです。

一九四〇(昭和十五)年一〇月二〇日、全国水平社朝熊支部は解散を決議しました。(2)

(1) 前掲『社会運動の状況　昭和一二年』
(2)「233　全国水平社朝熊支部解散」前掲『朝熊町歴史資料集・近代編』

戦争と徹誠

出獄後、徹誠の体力は消耗していました。しばらく三重県の造船所でアルバイトをし、東京の軍需工場である「三輪工業」へ移りました。兵器の生産に従事したのです(『夢を食い続けた男』）。徹誠の反戦活動は消え去り、それどころか戦争に協力する生活となりました。食べていくため、食べさせていくための選択だったと思います。

これはあくまで想像ですが、「反戦僧侶」が軍需工場で働くことになった時、家族を追い出した朝熊北部の人達の行動を理解できたのではないでしょうか。もちろん「納得」はできなかったでしょうが。

まず徹誠は、文京区駒込動坂の本社寮で一人暮らしをします。その後、いさほと真澄を呼び寄せて、三人暮らしをしていました。一九四三（昭和十八）年秋、息子徹の戦死公報が届きました。戦死したのは一月二六日だったといいます。徹は二一歳でした（同書）。

一九四五（昭和二〇）年四月、空襲で自宅は炎上。翌月には三和工業の疎開先である、岐阜県関市に疎開しました。そして戦後、東京へ戻ることになりました（同書）。

徹誠と親鸞

息子等は僧侶になりませんでした。クレイジーキャッツというバンドのメンバーになったのです。テレビ番組のレギュラーになり、大変な人気が出たバンドでした。

一九六一（昭和三六）年、等たちクレイジーキャッツは『スーダラ節』というコミックソングを歌うことになりました。この歌は大ヒットしたのです。

この「スーダラ節」について、徹誠は不思議な感想を等に話しています。有名なエピソードなので、ご存じの方も多いでしょう。

『スーダラ節』の文句は真理をついているぞ。青島君は良いところに気が付いた。あの歌詞には、親鸞の教えに通じるものがある。

（『夢を食い続けた男』）

青島君とは後の東京都知事、青島幸男。当時は放送作家であり、『スーダラ節』の作詞者でした。

わかっちゃいるけど、やめられない。ここのところが人間の弱さを言い当てている。親鸞の生き方を見てみろ。葷酒山門に入るを許さずとか、肉食妻帯を許さずとか、そういうことをいろいろな人が言ったけれど、親鸞は自分の生き方を貫いた。おそらく親鸞は、そんな生き方を選ぶたびに、わかっちゃいるけどやめられない、と思ったことだろう。うん、青島君は、なかなかの詞を作った。（同書）

さてこの徹誠の親鸞観、果たしてどんなものでしょうか。
親鸞が作った和讃（仏教の教えを伝える詩）があります。そこには、

浄土真宗に帰すれども
真実の心はありがたし
虚仮不実のわが身にて
清浄の心もさらになし

とあります。浄土真宗を理解しているが本当の心がない、という意味です。そして、

誠に知りぬ。悲しきかな、愚禿鸞、愛欲の広海に沈没し、名利の太山に迷惑して、定聚の数に入ることを喜ばず、真証の証に近づくことを快しまざることを、恥ずべし、傷むべし、と。
（親鸞『教行信証』）

とも書いています。煩悩や欲に支配され、真実である浄土真宗に近づくことを喜べない、という意味です。これが徹誠の言う「わかっちゃいるけどやめられない」ということなのでしょう。

賽銭をくすねたこと、遊廓へ遊びに行ったこと、家庭内暴力、軍需工場への就職。徹誠の人生にも「わかっちゃいるけどやめられない」がたくさんありました。もちろん徹誠の悪行を肯定する意図で言うのではありません。徹誠も、自身の行動を肯定するための発言ではないと思います。

現在の僧侶の大多数は、「わかっちゃいるけどやめられない」のではありません。「わかってないからやめられない」のだと思います。徹誠と現在の僧侶。似て非なる存在だと思っています。

この「わかってないからやめられない」という言葉。何かのポスターに書いてありました。ショックを受けました。私はいつになったら「わかっちゃいるけどやめられない」という言葉を使うことができるのか、と。

戦後の平和活動

出獄後、徹誠は僧侶としての仕事はしませんでした。戦後も有限会社・五協という会社を経営していたのです。「会社とか工場とかいっても、応接間風の離れを改造したささやかなもの」であり、「周囲に仕事用の台をめぐらし、そこに貴金属の彫刻道具を並べただけの部屋が、つまり工場だった」というものでした。僧侶になる前の仕事に戻ったということです。

しかし徹誠は、「等、こうしてブルジョア階級のおもちゃみたいな物を作って生活してるなんてのは、もともと俺の本意じゃないんだ。しかし、おまえに経済的な負担をかけたくないから、こうして仕事をしている」（『夢を食い続けた男』）と語っています。貧しい人々への視線は、なくなったわけではなかったことがわかります。

こんなエピソードも残っています。等と議論をした時のことです。等が「われながら理路整然と、自分の考えるところを話した」ところ、徹誠は「等、そりゃ、食える人間の発言だ。食えない人間は、そんなこと、言うはずがない。おまえは根本的に勘違いしている」と答えたといいます。等は、

おやじは、私が、どこをどう勘違いしているかについては、いつも何も言わなかったように思う。どんな問答を、おやじと交わしたかについてさえ、私は、はっきりとは覚えていない。しかし、「食えない人間は、そんなこと、言うはずがない」という一言と、そう言われた時、私の身内に走った恥ずかしさは、今も、はっきりと覚えている。（同書）

と書き記しています。

等には失礼ですが、「わかっちゃいるけどやめられない」と「わかってないからやめられな

い」の違いではないでしょうか。

戦後一九四七（昭和二二）年、部落解放全国委員会がGHQに「朝熊問題」の解決を要請しました。そのため、朝熊からも代表者が上京しました。この時、徹誠も同行しています[1]。朝熊への恨みは残っていなかったのでしょう。

一九五二（昭和二七）年五月一日、「血のメーデー事件」が起こりました。これはデモ隊六〇〇〇人が使用不許可の皇居前広場に集結、警官隊五〇〇〇人と衝突し、デモ隊二名が殺害されました。

この時死亡した法政大学学生の「葬儀デモ」がおこなわれました。ここに徹誠が参加し、経文をとなえたと言います[2]。

一九六〇（昭和三五）年六月二三日、日米安全保障条約が締結されました。この条約は、日本をアメリカの戦争に捲込むものとして、締結前には、全国に反対運動が繰り広げられました。徹誠も近所の人たちと反対デモに参加していました（同書）。

継続した平和活動とはとても言えないのですが、あゆみだけは残されています。

妻いさほは、一九五三（昭和二八）年四月二二日に亡くなりました。。

（1）前掲「異色対談　解放闘争の思い出」

（2）『しんぶん赤旗』http://www.jcp.or.jp/akahata/aik07/2008-04-19/2008041912_01faq_0.html

僧侶・植木徹誠

一九六二（昭和三七）年、徹誠は日本共産党に入党します。そして一九六三（昭和三八）年から一九六八（昭和四三）に目黒民主商工会の会長を勤めました。

この頃知り合った人に、徹誠は不思議な言葉を残しています。それは「割り切れぬまま割り切れる浮世かな」というものでした。知人のために揮毫した言葉です。相変わらず、得体のしれないところがあったと思います。いったいどんな意味になのでしょうか。等によれば、「要するに世の中のことで、どうにもならないってことはないんだ。歳月が経てば必ずどうにかなるんだ」といつも言っていたということです（『夢を食い続けた男』）。

同じころの徹誠の書が残されています。徹誠本人が最も気に入っていたということです。阿弥陀如来の慈悲と知恵を「水」に例えていると読めます。

親鸞聖人は、阿弥陀如来の慈悲と智慧を「海」にたとえています。徹誠は「水」。両者のスケールの違いなのか、徹誠が遠慮したのか。しかし、彼は「僧侶」だったと思います。

水の教訓

自ら活動して他を働かしむる者は水なり
常に己の進路を求めて止まざる者は水なり
障害に逢い激しく其の勢ひを百倍する者は水なり
洋々たる大洋を充し発しては蒸気となり凝しては玲瓏となり
而も其性を失はざる者は水なり
自分を清め他を洗ひ清濁併せ入るゝ者は水なり

昭和四拾年初春
七十歳徹誠書

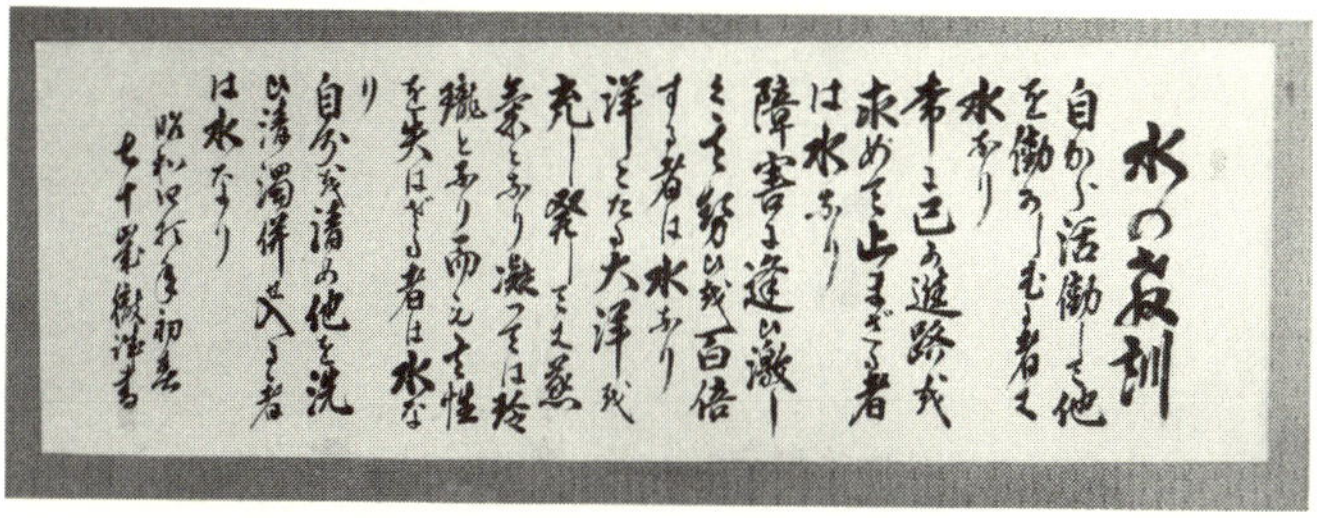

西光寺蔵

一九七二（昭和五二）年、徹誠は脳軟化症で倒れます。八二歳のことでした。

「等、俺は、あの世に行っても親鸞に合わせる顔がない。俺は恥ずかしい、恥ずかしい」。病床の徹誠の言葉です。徹誠が僧侶であり続けた証明だと思います。

徹誠は何が恥ずかしかったのでしょうか。確かに徹誠は、平和の成果をあげることができませんでした。しかし親鸞は結果を要求する人物ではないはずです。それではいったい何を……。乱暴な想像かもしれません。徹誠は「わかってなかった」ことに気付いたのではないでしょうか。朝熊の住民のつもりだったが、実際は完全な住民でなかったことに。朝熊をわかっているつもりになっていたことに。「わかってないからやめられない」自分に気づいたのではないでしょうか。だから「海」ではなく、「水」としか表現したかったのかもしれません。

私の想像が正しいかどうかは別として、徹誠が強い懺悔《さんげ》の気持ちを持っていたことは事実です。誠実な反省に包まれていたようです。

意識の混濁がはじまります。


「おい、皆、そろったか」

うわ言の台詞は、大体、こう決まっていた。初めのうちは「何ですか」などと聞き返していたが、それではおやじの話が途切れてしまうものだから、ある日、私は「ハーイッ、そろいまし

た」と調子を合わせて答えた。すると、おやじは、

「よーし、出かけるぞ」

と、大声で叫んだ。

「どこへ出かけるの？」

そうたずねたが、おやじは返事をしない。暫く沈黙が続いたあと、不意に、おやじは凛とした声で言うのだった。

「頭から水、ぶっかけられるから、氣をつけろぉ」（同書）

死の直前、植木の混濁した意識を占めていたのは、平和活動の記憶でした。

一九七三（昭和五三）年二月一八日深夜。徹誠は子ども、孫、親類を枕元に集めました。

「ありがとう、ありがとう。おかげで楽しい人生を送らせてもらった」。徹誠の最後の言葉でした。


葬式までの幾日か、真浄寺住職の弟子や弟子筋に当たる僧侶が、毎日、お経をあげに来てくれた。

葬式は、わが家で行った。その日、まん中に真浄寺住職の寺田康順、左右に三人ずつ、合わせて七人の僧侶が並び、お経をあげてくれた。おやじを先輩として敬愛してくれ、そしてその僧の死

に対して礼を尽くしてくれた、という風な、立派な葬式だった。（同書）

等の言葉です。本人も、僧侶仲間も、そして息子としても、徹誠は、間違いなく真宗僧侶だったのです。そして今もなお、「平等」と「平和」を伝え続ける真宗僧侶として存在し続けているのです。

おわりに

聖者・聖人の物語ではありません。「凡夫」「悪人」の事実です。おもしろく、悲しく、苦しい人生だったと思います。

徹誠は弱さも持った人物だったと思います。家族への暴力も、性格の粗暴さからではなく、極端な緊張状態に置かれていた結果だと思います。

それに加え、弾圧です。徹誠は、必死に求めていたものが手に入らないどころか、はるかな場所へと追いやられてしまったのでした。

この本は、徹誠の人生そのものを礼賛するためのものではありません。徹誠の人生の追体験を勧めているのでもありません。徹誠の求めたものを求めたいという気持ちから記しました。そのために徹誠の足跡を追ったつもりです。

本書には、オリジナルと呼べる史料はほとんどありません。植木等氏の著書。朝熊町歴史史料編集委員会の史料集。そして直接の引用はしませんでしたが、治安維持法犠牲者国家賠償要求同盟三重県本部のまとめられた『社会運動と治安維持法　三重・抵抗の群像』（二〇〇九年八月三一日）、『治安維持法等弾圧略史と犠牲者名簿　三重・抵抗の群像（第二集）』（二〇一五年三月三一日）、『ふたたび戦争と暗黒政治を許さず　伊勢地方・抵抗の群像』は大変参考にさせていただきました。

また真宗大谷派西光寺住職小幡智博さん、常照寺住職米澤典之さんにも色々ご教授いただきました。また東アジア仏教運動史研究会の新野和暢さんには貴重な史料をご教示いただきました。この場でお礼を申し上げます。そして『夢を食い続けた男　おやじ徹誠一代記』を贈ってくれた先輩故豊福孝さんにもお礼を申し上げます。

最後になりましたが、竹中彰元・髙木顕明、そして今回の植木徹誠と、真宗大谷派の反戦僧侶三名すべての評伝を発表する機会を与えてくださった風媒社劉永昇さんに感謝したいと思います。

この本が、徹誠の求めた平和と平等を確かめるものになれば幸いです。

合掌　釋仁空

（巻末史料）

(一)

内務省訓第三四〇号

特別要視察人視察内規別紙之通相定ム

右訓令ス

明治四十四年六月十四日

内務大臣法学博士男爵　平田東助

特別要視察人視察内規

第一条　本則ニ於テ特別要視察人ト称スルハ、左ノ各号ノ一ニ該当スト認定シタル者ヲ云フ

一　無政府主義者

二　共産主義者

三　社会主義者

四　土地復権ヲ唱フル者

五　前各号ノ外如何ナル名称ヲ用ウルニ拘ラス国家ノ存在ヲ否認スル者

第二条　特別要視察人ハ之ヲ分テ左ノ二種トス

甲号　左ノ各号ノ一ニ該当スル者

一　無政府主義者、共産主義者其ノ他国家ノ存在ヲ否認スル者

二　社会主義又ハ土地復権ノ信念厚キ者若ハ同一主義者中ニ於テ勢力アル者

三　常ニ主義ノ伝道ニ従事シ又ハ業務上ノ関係ヲ伝道ニ利用スルノ虞アル者

四　粗暴矯激ノ言動ヲ敢テシ又ハ脅迫ノ文書ヲ発送スル者

五　危険ノ挙ニ出テントスルノ虞アル者

六　居所業務等ノ関係ニ依り爆発物其ノ他危険物ヲ領取スルニ特別ノ便利ヲ有スル者

七　同盟罷工又ハ反抗運動ヲ煽動スルノ虞アル者

八　文武官憲、公衙等ノ機密ヲ探知セントスルノ疑アル者

九　主義ニ関スル文書図書ヲ刊行シ若ハ其ノ編輯ニ従事スル者

十　在外同一思想ヲ有スル者ト通信往復スル者

乙号　甲号ニ属セサル者

前項ノ外平素ノ交際閲読ノ書籍新聞紙、言論行為其ノ他ノ関係ニ依り甲号又ハ乙号ノ者ニ同情ヲ表

シ若ハ之ニ誘惑セラルルノ傾アリト認ムル者又ハ未タ事実ヲ認定シ得ルノ程度ニ至ラサルモ甲号又ハ乙号タルノ疑ヲ容ルヘキ事情アリト認ムル者ハ丙号ト為シ甲号乙号ニ準シテ視察ヲ為スモノトス

（以下略）

㈡

協　定　書

今般度会郡四郷村大字朝熊、朝熊川南部住民、同北部住民（字垣外、字脇ノ前、字松本、字堂山、字三反坂住民）トノ間ニ於テ、一層平和円満ヲ期スル為メ、双方住民代表間ニ左記事項ヲ協定ス。

（一）、北部住民ハ其全部ニ係ル村行政ニ関スル事務及北部区民一般ノ事務ヲ取扱フ為メ総代人ヲ設ケ其ノ任ムヲ全フスベキ事。

（二）、大字朝熊、川南部ノ所謂共有財産ト称セラルヽ総テノ財産ニ関シテハ、北部住民ハ従来何等ノ干係ナキハ勿論将来ニ於テモ権利ヲ主張シ一切干与セザルベキ事。

（三）、双方住民ハ他人ノ権利ヲ尊重シ之ガ侵害ニ類スル行為ヲ為サヾル様特ニ留意スベキ事。

(四)、北部住民存立ノ必要上並ニ風紀改善ニ要スル費用ノ財源トシテ、南部住民ヨリ金二阡円及付属目録記載ノ物件ヲ無償ヲ以テ所有権ヲ移転スベキニヨリ、北部住民ハ該土地ノ利用ヲ考慮シ、他市町村ニ対シ之ガ一切ノ処分行為ヲ為サヾルコト

但、移転セラルベキ物件ノ所有名義人ハ北部住民ノ指示ニ任スベク、之レニ要スル費用ハ川南部住民ニ於テ負担スベキ事。

(五)、前項物件中、字東谷山林実測反別約拾町歩ニ付テハ、他人ニ対シ地上権(明治参拾九年拾壱月弐拾七日ヨリ向五拾年ノ期間)ノ設定アルニ付、北部住民ハ誠意ヲ以テ該権利ヲ尊重スベキ事。

(六)、第四項所定ノ金壱千円ハ、其ノ半額ヲ昭和五年八月六日午后九時履行ノ場所役場ト定メ、立会人立会ノ上代表者ノ受領証ト引換ニ其授受ヲ為スベク、不動産ニ付テハ昭和五年八月十五日限リ登記申請ノ手続キヲナスベキニヨリ、其前日迄ニ各所要ノ書類ヲ完成スベキモノトス。其ノ授受金ノ半額ハ向一ケ年間中ニ日時ヲ定メ同方法ヲ以テ授受ヲナスベシ。

以上協定ノ事項相違無之、双方ノ代表者ハ此契約ノ成立及ビ履行ニ付確保ノ責任アルモノトシ、署名捺印ノ上各壱通ヲ分有ス。

昭和五年八月六日

川南部住民代表者

大西爾二郎 ㊞

小川長四郎 ㊞
畑　周次郎 ㊞
福住　勝蔵 ㊞
早田　荘吉 ㊞
西井　宮蔵 ㊞

㈢

指令

一、朝熊の兄弟は最後の方法として七月三日悲壮な決意の下に、同盟休校を行ひ、勇敢に運動を進めた。

二、最後のガンバリにて弥々情勢は急迫した。勝利か、敗北かの瀬戸際となつた。指令一本受け取つたらいつでも出陣出来るよう闘士軍待機せよ。

三、足掛三年の闘ひで最後の一銭まで使ひつくした。基金集め、一日も早く送れ。

図

全国水平社三重県聯合会

昭和十二年七月五日

被圧迫部落兄弟諸君

激

親愛なる被圧迫部落兄弟姉妹に告ぐ

かねて御承知の度会郡朝熊の兄弟六百名は永年来の差別を打破するべく糺弾の火蓋を切ったのは昭和十年六月であった。過ぐる事足かけ三年満二ケ年末だ解決を見ず。

過ぐる二ケ年を吾等は村長に解決方を要求した。県に対しては社会課長其他関係各課に解決を要求した。松本治一郎代議士を通じて内務大臣に解決を要求した。

又全水全国大会の名によって再度松本全水委員長始め大会代議員によって内務大臣に解決を要求した。

其の他出来得る限りの力をつくして闘ひ来った。しかし終始一貫穏健な態度を堅持しつゝヒタスラ真の融和を求めつゝきた。問題発生の当初社会課長の言「闘争の有る所に融和なし」と穏忍自重解決の日を待つたのである。

ダガ何年待つ共大臣始め県も村も解決の歩を進めない。吾等にいつ迄待てと言ふのだ。苦しい世活《ママ》の中から闘争費用をシボリ出し今は一滴の血も出なくなつた。

「闘争の有る所融和なし」の言葉はついに破らざるを得なくなつた。

七月三日から児童の同盟休校を決行した。

諸君よ！！死者狂ひで、最後を闘ひつゝある朝熊の兄弟を、被圧迫部落兄弟の力によつて勝たしめよ。熱烈強力な応援を切望してやみませぬ。

昭和十二年七月五日

全国水平社三重県聯合会

㈣

朝熊北部の反戦言動

二、被疑者中西長次郎ハ、

①日本ノ兵隊ハ、支那デ想像以上苦戦シテヰル様デアルガ、戦死スルモノヨリハ、天候等ノ関係デ病気デ倒レル者ノ方ガ多イ様デアル。

②日本軍ノ敵前上陸ニ失敗シタノハ、豊橋カラ名古屋マデ行軍シテ休マセズニ直グ船ニ乗セ、又直グニ上陸サセタ為ニ、其ノ時ハ疲労シ切ッテ居タカラ、何モ出来ズ全滅シタノダソウダ。

③日独ガ防共協定ヲ結ビ之ニ伊太利ガ参加シタガ、之ハ如何ニ共産主義ノ勢力ガ全世界ニ広マリツヽアルカト云フ事ヲ物語ルモノデ、支那ニ於テモ共産党ノ勢力ガ全支那ニ根ヲ張り、其ノ勢ガ旺盛トナッテ来テヰル状態デ、之ハドウシテモ防グコトノ出来ナイモノデアル。之ヲ怖レタ結果、日独伊ガ防共協定ヲ結ンダモノデアラウ。

④今度ノ戦争ハファッショノ基礎ヲ固メル事ニモ役立ツモノデ、戦争ヲ通ジテ愈々軍部官僚ノファッショガ強力トナッテ来ルノデナイカ。

⑤ファッショガ段々高ジテ内部的対立ガ起キ崩壊シテ来ルト、其時ハ平素蹂躙サレテ来タ民衆ガ起立ッテ大キナ勢力トナリ爆発スルダラウ。

⑥戦争ハ資本家地主ノ利益トナルノミデアツテ、吾々貧乏人ニハ何等関係ガ無ク、利益ハ更ニ無イ。貧乏人ノ兄弟ガ召集サレテ行ッテ犠牲トナルノト、諸物価ノ暴騰トデ、生活ガ益々苦シクナルダケデアル。一方、戦争ヲ通ジテファッショガ強化サレ、吾々無産階級ノ上ニ重圧ガ来ル。斯云フ戦争ニハ反対デ、早ク止メネバナラヌ。

⑦今度ノ戦争デ現地へ行ッテヰル者ノ中ニハ、豚ヤ鶏ヲ強奪シテ喰ベタリ、女ナンカ見テモ色慾ノ持ッテ行キ所ガナイノデ強姦スルト云フ様ナコトガアルラシイ。日本ノ軍部ハ之ヲ秘密ニシテ厳重ニ取締ッテヰルソウデ、営倉ニ入レラレタ者モアルラシイ。

⑧戦争程悲惨ナモノハ無イ。人命ガバタバタ斃レルシ、此ウ言フ悲惨ナ事ハ早ク止メネバナラヌ。戦争ハ資本家階級ノ地盤固メデ、吾々ニハ何ノ利益モナイ、犠牲ニナルダケヤ。

⑨二十億ノ軍事予算ヲ出シタガ、戦争ノ様ナ人ヲ殺ス事ニ使ハズニ、此ノ基金ヲ北支ニバラ撒イテ戦争ヲ防グ事ガ出来ナカッタダラウカ。ソウスレバ悲惨ナ事モ免レルト思フ。

⑩今度ノ戦争ハ東洋平和ノ為デ、少シモ領土的野心ガ無イト政府ハ云ッテヰルガ、事実ハ帝国主義侵略戦争デアル。戦争ガ長期ニ亘ッテ来ルト、貧乏人ト資本家トノ間ガ段々差ガヒドクナッテ来テ、吾々ノ生活ハ益々窮迫シテ来ルデアラウ。

⑪戦争デフアッショ政治ガ段々ヒドクナッテ来テ、「ウツトウシイ」世ノ中ニナッテ来タ。自分達ノ思フ事モ云ヘナイ。

⑫今度ノ戦争デ現役ヤ将校ガヨク戦死スルガ、現役兵ハ上官ノ云フ事ヲ真面目ニ聞キ使ヒ易イカラ戦死スルノデ、予後備ノ連中ハ妻ヤ子供ガアルノデ、戦場デ気遅レシテ「コスク」立廻ルカラ戦死ガ少ナイ。将校ガ沢山死ヌノハ、兵隊ガ思フ様ニ進マンノデ先ニ立ツカラ戦死スルノヤ。

⑬ラヂオヤ新聞ハ統制ヲ強ヒラレテヰルカラ、嘘ガ多クテ当ニナラヌ。

⑭防共協定ガ出来タノハ、共産主義ノ勢力ガ如何ニ強イカト云フ事ヲ知ル事ガ出来ル。日本ノファッショハ伊太利、独乙《ママ》等トハ少シ変ッタ点ガアル。軍部等ガ農村政策ヲ喧シク云ッテヲルガ、之ガドノ程度迄為サレルカ問題デアル。

⑮戦争ガ長引クト、労働者ヤ農民ガ困ッテ来テ不平不満ガ高マリ、暴動化シテ来ル事モアラウ。今度ノ戦争デ、日ソ関係ハ悪化シテ今ニモ戦争ヲヤル様ニ云ッテ居ルガ、自分ハソ連ヨリモ英国トヤルノデナイカト思フ。ソ連ハコサック騎兵ガアリ、又科学兵器ガ進ンデヰルカラ、仲々《ママ》強イ。日本ノ経済力ハ戦争ヲ先ヅ五ケ年位持チ耐ヘル位デ、ソ連ノ経済力ニ比ベルト負ケルカラ、日本ハソ連トハヤラヌダラウ。

三、被疑者山本久米次郎ハ、

①毎日、新聞ヤラヂオデハ支那ガモロ過ギル様ニ書イテヰルガ、之ハ軍部ガ宣伝シテヰルノダト思フ。

②誰モガ日本ハソ連ト戦争スルノデハナイカト云ッテヰルシ、軍部モヤテクト思ッテ居ルラシイガ、自分ハ日本ガ支那ノ様ナ大国ト戦争シテヰル限り、日本ノ国力ガ続カナイカラ、恐ラク軍部ノ云フ様ニハヤレルモノデハ無イト思フ。

③ファッショガ高ジテ内部的対立ガ生ジ崩壊シテ来ルト、吾々蹂躙サレタ民衆ハ立上ッテ大キナ勢

力トナリ爆発スルダラウ。
④歴史ノ示ス通り、源氏デモ平家デモ一定ノ時期ガ来レバ没落シタノデアルカラ、此ノファッショ政治モソウ長ク続クモノデハナイ。必ズ没落スル時期ガ来ル。
⑤日本モ支那ヲ支配下ニ置ケバ、支那ニハ多クノ資源ガアルカラ、日本資本主義ノ寿命モ多少延ビルカモ知レナイ。日本ハ各国ニ対シテ此ノ悲惨ナ人命ヲ絶ツ所ノ武力戦ヲヤラウトスルガ、他ノ文明国ハ日本ノ様ニ簡単ニハ戦争ヲ始メヌデアラウ。
⑥上海方面ノ進マンノハ支那軍ガ強イカラデアル。是ハ現在ノ支那ハ支那軍閥ノ支那デハナク、支那国民ノ支那トナッテ来タカラデ、又背後ニハ中国共産党ノ周恩来、毛澤東等ノ強イ力ガアルカラデアル。
⑦上海方面デハ一日ニ四百米位シカ進マヌ。之ハ日本兵ガ市街戦ノ下手ナノニ較べテ、支那兵ガ上手デ強カッタカラデアル。
⑧山田ノ人ガ出征シテ、手榴弾デ手モ両足モモギ取ラレ、達磨ノ様ニナッテ、今津ノ陸軍病院ニ連レラレテ来テイルソウダガ、余り悲惨ナノデ人ニハ見セヌソウナ。
⑨手ヤ足ノ無イ負傷兵ガ樽ノ中へ入レラレテ、病院へツッテ来ラレタガ、ソレヲ見タ嫁サンガ泣イタ。兵隊モ皆泣イタサウダ。
⑩支那ノ容共政策ノ撤廃ヲ日本ハ喧シク云ッテヰルガ、此ノ様ナコトヲ戦争ノ口実ニ使フ事ハ間

違ッテキル。支那ガドウ云フ政策ヲ取ラウト、政治的ノ事ハ勝手デハナイカ。

⑪今度新聞デ見ルト、遺家族ニ対シテハ五千円ヤルト書イテキルガ、セイゼイ百二、三十円位デ、余程運ノ好イモノデ五百円位ノモノヤ。軍部ハウマイ事誤間化《(ママ)》シテ国民ヲ使フ。

⑫今度ノ戦争ハ日露戦争トハ違ヒ、将校ヤ現役兵ガ沢山戦死スル。之ハ現役ハ真面目デ上官ノ云フ事ヲ良ク聴イテ進ムカラ戦死スル者ガ多イノダ。予後備ノ戦死ノ尠ナイノハ命令ヲ聞カズニ後ノ方へ廻ルカラ死ヌ率ガ少ナイ。予後備ノ中予備ハマダシモ、後備ハ戦地へ連レテ行ッテモ戦争ノ悲惨ナコトヲ能ク理解シトルカラ、進メ進メト云ッテモ、後ノ方へ要領能ク廻ツテ進マヌ。将校ノ沢山死ヌノハ、日露戦争当時ト違ッテ、兵隊ガ命令ヲ仲々《(ママ)》聞カヌノデ、自然ニ自分ガ先頭ニ立タネバナラヌカラ、戦死スル率ガ多イ。

四、被疑者山本平重ハ、

①防共協定ハ日ソ関係ガ険悪ニナッテ日本トソ連トガ闘フ場合ニ勝ツ自信ガ無イカラ結ンダモノデアル。防共協定ガ結バレタノハ共産主義ガ如何ニ勢力ヲ拡大シタカヲ物語ルモノダ。

②日本軍ハ上陸ノ場合船ヲノシ上ゲテ置イテ七、八十人ヲ一隊トシテ進マセ、夫ガ殺サレルト伝令ガ部隊長ヤラレマシタト報告ニ来ル。スルト又七、八十人一隊トシテ送り、斯ンナ事ヲ七、八回ヤツテ多クノ兵隊ヲ殺シ、其ノ後、漸ク部隊長ガ先ニ進ンデ上陸シタソウダ。而モ斯ンナ話ハ新

聞ニハ出セン。

③某村デハ百五十名応召者ガアッテ、其ノ中百名ノ戦死ガアリ、負傷者モ三、四十名出テ、満足ナモノハ十名位ダッタソウダ。

④昨年、上海デ日本ガ米国ノ船ヲ沈没セシメタガ、日本モ此事ニ対シテハ米国ニヨウケ金ヲ出シテ謝ッタ事ダラウ。日本モ米国ノ恐ロシイ事ヲ能ク知ッテヰル。

⑤毎日、新聞ヤラヂオハ支那ハ弱クテ日本ガ強イ、而モ戦争ハ何時デモ日本ノ有利ナ様ニ書イタリ放送シタリシテヰルガ、実戦ハソウデナイ。是ハ政府ノ宣伝デアル。

⑥日本ハ今支那ト戦争シテヰルガ、次ハロシアトヤルンダラウ。

⑦日本ハ今支那ト闘ッテヰルカラ、ロシアトヤッタラ勝目ガ無イノデ、独伊ト防共協定ヲ結ンダノヤ。

⑧大阪ノ資本家連ハ戦争ニ反対意見ガ多イソウダ。又参議ノ中ニモ戦争ニ反対シテヰルモノガアルソウダ。

⑨戦争ハ悲惨ナモノダ。「ヒットラー」モ何時モ戦争ヲヤル様ニ云フテヰルガ、独乙《（ママ）》国民ハ欧州戦争デ充分苦痛ヲ嘗メテヰルノデ、国民ノ九分九厘マデハ戦争ヲ呪フテヰル。

⑩戦争デハ人命ガバタバタ斃レルガ、此ンナ悲惨ナ戦争ハ早ク止メテ貰ハナクテハ困ル。

⑪戦争ハ勝タネバナラヌト云フガ、勝ッテモ直接利益ガアルノハ資本家ヤ地主デ、吾々貧乏人ハ

唯其ノ犠牲ニナルダケダ。

⑫上海方面ノ陥落センノハ、日本ガ予期シタ以上、支那側ノ防備陣ガ強固デアルカラデアル。

⑬戦地ニ居ル兵隊ノ苦労ハ新聞ヤラジオデハ話サレヌ程悲惨デアル。

⑭軍事費軍事費ト云ツテ沢山ノ金ヲ費フガ、此ノ1割デモ吾々ノ改善費ニ使ッテ呉レタラ良イ。

⑮神戸デ親ガ負傷シタ息子ニ面会ニ行ッタガ、陸軍病院デハ会ハシテ呉レヌノデ、無理ニ頼ンデ面会シタラ、手モ足モナイ負傷者ガ桶ノ様ナモノニ入レラレ、之ガ我ガ子ダト聞カサレテ、吃驚シテ気絶シタソウダ。

［著者略歴］
大東　仁（だいとう・さとし）
1965年、愛知県生まれ。1987年、奈良大学文学部史学科卒業。1990年、真宗大谷派にて得度（僧侶となる）。1991年、同朋大学別科（仏教専修）修了。真宗大谷派圓光寺住職。真宗大谷派名古屋教区教化センター研究員。大阪経済法科大学アジア研究所客員研究員。
［著書］『お寺の鐘は鳴らなかった―仏教の戦争責任を問う』（教育資料出版会、1994年）、『ハイラル　沈黙の大地』（共著。風媒社、2004年）、『戦争は罪悪である―反戦僧侶・竹中彰元の叛骨』（風媒社、2008年）、『大逆の僧　髙木顕明の真実―真宗僧侶と大逆事件』（風媒社、2011年）

装幀◎澤口　環

元来宗教家ハ戦争ニ反対スベキモノデアル
反戦僧侶・植木徹誠の不退不転

2018年7月20日　第1刷発行　（定価はカバーに表示してあります）

著　者　　大東　仁
発行者　　山口　章

発行所　名古屋市中区大須 1-16-29
振替 00880-5-5616 電話 052-218-7808
http://www.fubaisha.com/
風媒社

＊印刷・製本／モリモト印刷
乱丁本・落丁本はお取り替えいたします。
ISBN978-4-8331-0577-4